和谐校园文化建设读本

鸿篇巨著

宋德印/编写

吉林教育出版社

图书在版编目（CIP）数据

鸿篇巨著 / 宋德印编写. 一 长春：吉林教育出版社，2012.6（2022.10重印）

（和谐校园文化建设读本）

ISBN 978－7－5383－8758－2

Ⅰ．①鸿… Ⅱ．①宋… Ⅲ．①文史－古籍－中国－青年读物②文史－古籍－中国－少年读物 Ⅳ．①C49

中国版本图书馆 CIP 数据核字（2012）第 116026 号

鸿篇巨著

HONGPIAN-JUZHU

宋德印　编写

策划编辑　刘　军　　潘宏竹

责任编辑　付晓霞　　　　　　　　　　　　　**装帧设计**　王洪义

出版　吉林教育出版社（长春市同志街 1991 号　邮编 130021）

发行　吉林教育出版社

印刷　北京一鑫印务有限责任公司

开本　710 毫米×1000 毫米　1/16　　**印张**　11　　**字数**　140 千字

版次　2012 年 6 月第 1 版　　**印次**　2022 年 10 月第 3 次印刷

书号　ISBN 978－7－5383－8758－2

定价　39.80 元

编　委　会

主　　编：王世斌

执行主编：王保华

编委会成员：尹英俊　尹曾花　付晓霞
　　　　　　刘　军　刘桂琴　刘　静
　　　　　　张　瑜　庞　博　姜　磊
　　　　　　潘宏竹
　　　　　　（按姓氏笔画排序）

总 序

千秋基业，教育为本；源浚流畅，本固枝荣。

什么是校园文化？所谓"文化"是人类所创造的精神财富的总和，如文学、艺术、教育、科学等。而"校园文化"是人类所创造的一切精神财富在校园中的集中体现。"和谐校园文化建设"，贵在和谐，重在建设。

建设和谐的校园文化，就是要改变僵化死板的教学模式，要引导学生走出教室，走进自然，了解社会，感悟人生，逐步读懂人生、自然、社会这三本大书。

深化教育改革，加快教育发展，构建和谐校园文化，"路漫漫其修远兮"，奋斗正未有穷期。和谐校园文化建设的研究课题重大，意义重要，内涵丰富，是教育工作的一个永恒主题。和谐校园文化建设的实施方向正确，重点突出，是教育思想的根本转变和教育运行机制的全面更新。

我们出版的这套《和谐校园文化建设读本》，既有理论上的阐释，又有实践中的总结；既有学科领域的有益探索，又有教学管理方面的经验提炼；既有声情并茂的童年感悟；又有惟妙惟肖的机智幽默；既有古代哲人的至理名言，又有现代大师的谆谆教诲；既有自然科学各个领域的有趣知识；又有社会科学各个方面的启迪与感悟。笔触所及，涵盖了家庭教育、学校教育和社会教育的各个侧面以及教育教学工作的各个环节，全书立意深邃，观念新异，内容翔实，切合实际。

我们深信：广大中小学师生经过不平凡的奋斗历程，必将沐浴着时代的春风，吸吮着改革的甘露，认真地总结过去，正确地审视现在，科学地规划未来，以崭新的姿态向和谐校园文化建设的更高目标迈进。

让和谐校园文化之花灿然怒放！

本书编委会

目 录

《周 易》

你一定早就听说过阴阳八卦的说法，那么，你知道专门讲阴阳八卦的《周易》是怎么样的一本书吗？

实际上，《周易》就是我国古代的一本研究占卜的书，主要由一些符号和说明文字组成。

这些符号就是由代表阳的"—"爻（yáo）和代表阴的"— —"爻组成的"八卦"。具体形象是这样的：

与自然界相对应，分别代表天、地、水、火、风、雷、山、金。由这"八卦"相重，又可形成六十四重卦，就是现在常说的八八六十四卦，用来作为各种社会现象的象征。传说"八卦"是由上古的伏羲所创立的，这当然无从考证。但是在许多出土的甲骨文中，却有些这样的卦象，说明在远古的时候就已经有"八卦"了。

如果《周易》里只有这些神秘的卦象符号，那么我们后人是无法弄明白都是什么意思的。好在书中还有"经"和"传"两部分文字。

经，就是《易经》，是用来说明卦象的卦辞和说明卦中每一爻的爻辞，相传是周文王在被商纣王拘禁在牢中时推演出来的，并用文字加以说明。也有人说是周公作的。但现在一般认为是出于周代执掌占卜的史官之手。

一开始，人们还能借助《经》去解卦，可是随着时间的发展，人们连这些《经》也看不明白了，于是又有了解释《经》的文字，这就是《传》。《传》有10篇：《彖辞》上下，《象辞》上下，《孝辞》上下，《文言》、《说卦》、《序卦》、《杂卦》。这10篇文章又被称为《十翼》。

关于《十翼》的作者，历来众说不一。有的说都是孔子作的，有的说都不是孔子作的，还有的说部分是孔子作的。实际上，现在看来，《十翼》不是一个时期，还不是一个人所作的，应该是经历了春秋到汉那么长的时期才成书的。

作为秦汉以前的一部典籍，《周易》里包含了大量的古代史料，反映了当时的物质生产状况和社会生活以及战争的情况，也反映了当时的科学知识状况。其中有许多优美的歌谣在文学史上也是占有地位的。书中讲阴阳化生所反映出的朴素的辩证法思想更是人类文化遗产中的瑰宝，闪烁着理智的光芒。德国著名的数学家莱布尼茨受《易经》的影响，完善了他的现在被计算机所采用的"二进制算术"。可见，《周易》的价值和意义是十分巨大的。

《尚　书》

我国现存最古老的历史文献就是《尚书》，又叫《书》或《书经》。《尚书》的"尚"字，同"上"，所以《尚书》的意思就是指从上古以来的书。

《尚书》记载的大部分都是古代的一些文诰和誓词之类的记述性的文字。现传本《尚书》分为虞书、夏书、商书、周书等部分。

关于《尚书》的种类和真伪，有许多纷争。秦始皇统一中国后，曾经下令烧毁民间所藏的许多书籍，《尚书》也在焚毁之列，于是就基本上不流传了。秦朝很快就灭亡了，西汉兴起，情况好转了。当时，在山东济南有个叫伏胜的人，过去曾是秦朝的博士，就出来讲授《尚书》。他一共讲29篇文章。这些篇章都是用当时通行的隶书书写的，所以被称之为"今文尚书"。

到了汉武帝末年，当时的鲁恭王为了扩建自己的宫殿，就把孔子故宅给拆除了，结果在孔宅的墙壁里发现许多以前没发现的《尚书》篇章。这些篇章一共有45篇，除了29篇与伏胜所传的篇目相同外，又多出来16篇。所有这些新发现的篇章都是用秦统一以前的文字书写的，所以就叫"古文尚书"。

由于今、古文《尚书》文字上差别很大，所以解释也不相同，就形成了今、古两大经学流派。

后来经过战乱，原先的两种今、古文《尚书》也都没有了，代之而起的是托名孔安国所传的《古文尚书》，共有58篇经文，也就是现在流行的篇目。在唐朝，这58篇经文经过当时的一个大学者孔颖达的解释，列入了当时官府规定的经书行列中，取得了正统的地位，一直流传到今天。

但是，经过后人的仔细考证，结果发现这 58 篇经文有许多都是后人伪造的。

由于《尚书》所记载的都是中国历史上最古老时期的政典，所以文字很古奥、艰深，非常难懂，读起来佶屈聱牙，很是费力气。不过其中也有一些很生动、形象流传至今的语言。比如"星星之火，可以燎原"就是从《尚书》中转化来的一个成语。

由于《尚书》保存了虞、夏、商、周这几个最早朝代的史料，而且是有文字可考的史料，所以，在古代史籍中占有很重要的地位。在文笔上，有的篇章写得很精彩，对我国历史散文的发展也有极大的影响。

《诗　经》

《诗经》是我国第一部诗歌总集，又称《诗》或《诗三百》。《诗经》现有诗305篇，大致是从西周初期到春秋中期，也就是从公元前11世纪到公元前6世纪约500多年间的作品。

《诗经》的诗分"风"、"雅"、"颂"三个部分。《风》包括当时15个地区的共160篇诗歌，主要是民间歌唱的诗，也就是民间歌谣，又称"十五国风"。

《雅》分《大雅》、《小雅》两部分，有105篇诗歌，其中《大雅》31篇，《小雅》74篇，主要是贵族们在朝廷歌唱的诗。

《颂》分《周颂》、《鲁颂》、《商颂》三部分，有40篇作品，其中《周颂》31篇，《鲁颂》4篇，商颂5篇，是贵族们在宗庙祭祀时用来歌唱的诗歌。

《诗经》中全部诗歌的收集，大体通过两种途径：一是"采诗"，一是"献诗"。

当时，每到春天，当奴隶们到田间去耕作的时候，朝廷就派出采诗官到全国各地方去采集诗歌。这些采诗官们敲着木梆子在路上巡游，采集奴隶们在耕作中唱的歌谣，然后把采到的诗歌献给管音乐的太师，太师配好音律，演唱给天子听。这就是"采诗"。

除了采诗外，天子周围的公卿列士、大小官员，有时也自己写诗献给天子，进行讽谏或歌功颂德；各国诸侯也要向天子献本国的歌谣。这些"献诗"也都集中交到管音乐的太师手中，太师再令他的音乐班子演唱给天子听。这就是"献诗"。

当时通过采诗与献诗而得到的诗歌的数量是相当多的，那么是谁从中筛选出 305 篇，编订成《诗三百》的呢？

《史记》说是孔子删削编订的。这个说法影响很大，从古至今都有不少学者相信。但也有一些学者表示怀疑。目前许多学者都推测是当时管音乐的太师编订的。究竟哪种说法准确，还需要进一步的研讨。

《诗经》的内容非常丰富，为后人展现了一幅巨大的我国古代社会生活的画面，包蕴了我国古代人民丰富的情感。

不少诗篇表达了人民群众追求美满幸福爱情生活的愿望。比如第一篇《关雎》的开头唱道：

关关雎鸠，	水鸟儿叫叫嚷嚷，
在河之洲。	在河心的小洲上。
窈窕淑女，	苗条美丽的姑娘，
君子好逑。	小伙儿想和她成双。

有些诗篇还揭露了奴隶主贵族阶级不劳而获，残酷剥削压榨广大奴隶的本质。如《硕鼠》写道：

硕鼠硕鼠，	大老鼠啊大老鼠，

无食我黍。	从今后别吃我的米黍。
三岁贯女(汝)，	整整三年把你喂足，
莫我肯顾。	我的死活你可不顾！

把贪婪的奴隶主比作偷吃粮食的大老鼠，反映了人民的愤怒呼号和反抗意识。

还有一些政治诗、爱国诗，以及叙述祖先创业传说的民族史诗等。不少诗篇中都涉及到古代天文、地理、草木鱼虫等知识。我国最早的有关彗星的记载就出现在《诗经》里。

《诗经》的艺术成就也很高。例如，"赋"、"比"、"兴"的创作手法，就历来受到称赞。"赋"是直接叙述的手法，如《君子于役》开头两句说："君子于役，不知其期。"意思是女主人公说："我的丈夫去服役，不知什么时候是他的归期。"把事件直截了当地告诉读者，这就是"赋"。"比"是打比喻的手法，例如上面的《硕鼠》，就是通过把奴隶主比喻成大老鼠来揭露其贪得无厌剥削人民的本质的。"兴"是诗歌开头的一种手法，借用与诗歌内容本身具有譬喻和象征意义的事物描写作为开头，引起下文。如上面的《关雎》的开头两句："关关雎鸠，在河之洲。"关关，是水鸟和鸣的声音；雎鸠，是一种水鸟的名字。这种水鸟雌雄在一起，利用互相鸣叫，互相吸引，传达感情。这和下面两句："窈窕淑女，君子好逑"在内容上有一种比喻和象征的意味，可以引发那个男青年对在河边见到的那个姑娘的爱慕之情，并进而幻想和她像水鸟那样成双配对。

《诗经》在我国文学发展史上的地位是相当重要的，可以毫不夸张地说，它是后世现实主义诗歌的起源，影响十分深远。

《离 骚》

《离骚》是战国时期著名诗人屈原的代表作，是中国古代诗歌史上最长的一首浪漫主义的政治抒情诗。诗人从自叙身世、品德、理想写起，抒发了自己遭谗被害的苦闷与矛盾，斥责了楚王昏庸、群小猖獗与朝政日非，表现了诗人坚持"美政"理想，抨击黑暗现实，不与邪恶势力同流合污的斗争精神和至死不渝的爱国热情。

《离骚》作为鸿篇巨制，所表现的思想内容是极其丰富的。关于它的内容层次，历来也有各种各样的分法。大致说来全诗分九部分：第一部分：叙述诗人家世出身，生辰名字，以及自己如何积极自修，锻炼品质和才能。第二部分：诗人在实现自己政治理想的过程中遭遇到的挫折。第三部分：诗人在政治生涯中遭遇挫折之后，不退缩不气馁，兴办教育为国家培养人才，但在"众皆竞进以贪婪"的环境中，群芳芜秽了——这是诗人遭遇到的第二次挫折，但诗人自己依旧积极自修。第四部分：由于诗人的特立独行，引起世间庸人的谗毁，从而使诗人再一次遭遇挫折，诗人陷入孤独绝望的境地。但诗人依旧矢志不屈，甘愿"伏清白以死直"，也不愿意屈服认同世俗："背绳墨以追曲"。第五部分：遭遇苦难挫折，陷入孤独绝望境地的诗人，内心深处进一步展开矛盾、彷徨、苦闷与追求理想，以及灵魂搏斗的过程，最终坚定自己的道德情操和政治理想。第六和第七部分：诗人在重华面前阐述了自己的"举贤授能"的政治主张，"上下求索"的幻想境界充分表达了诗人不被世人理解的强烈感情。第八部分：诗人听了巫咸的话，最后决定离开楚国。这一部分把诗人复杂的矛盾心理，万千思绪，都淋漓尽致地表达出来了。第九部分：诗人在接受灵氛、巫咸的劝告，决定离开楚国远游，最后终不忍离开的经过。这是诗人在迷离恍惚的心情中展开的最后一次幻想。全诗最后是尾声，以当时的楚国名曲《乱》作结，反映了诗人实施"美政"、振兴楚国的政治理想和爱国感情，表现了诗人修身洁行的高尚节操和嫉恶如仇的斗争精神，并对楚国的腐败政治和黑暗势力作了无情的揭露和斥责。司马迁评论《离骚》说："屈原虽流放，眷顾楚国，系心怀王，不忘欲反，冀幸君之一悟、俗之一改也。而欲反复之，一篇之中，三致志焉。"自汉迄南北朝，《离骚》又常被举作屈原全部作品的总称。在文学史上，还常以"风"、"骚"并称，用"风"来概括《诗经》，用"骚"来概括《楚辞》。《离骚》中诗人用了许多比喻，无情地揭露了统治集团的丑恶，抨击了他们的奸邪、纵欲、贪婪、淫荡和强暴。同时，他也塑造了坚持正义、追求真理、不避艰难、不怕迫害、热爱乡土和人民的人物形象。

《离骚》是一部具有现实意义的浪漫主义抒情诗，诗中无论是对主人公形象的塑造，还是对一些事物特征的描绘，诗人都大量采用了夸张的浪漫主义表现手法。神话传说的充分运用，展开了多彩的幻想的翅膀，更加强了《离骚》的浪漫主义气韵。比、兴手法的运用，在《离骚》中是非常多见的，如他以香草比喻诗人品质的高洁，以男女关系比喻君臣关系，以驾车马比喻治理国家等。

《离骚》的形式来源于楚国人民的口头创作，诗人又将之加以改造，构成长篇，使之包含了丰富的内容。它的语言精练，吸收了楚国的不少方言，造句颇有特色。

《离骚》是屈原被贬后写出来的。本诗在中国历史上有一定地位，因此诗人也称"骚人"。

"三　礼"

中华民族有着悠久的历史和灿烂的文明。我们的祖先，很早就制订了许多详细完整的礼仪制度。"三礼"，就是记载我们中华民族传统礼仪的最古老的三部经典的统称，指的是《周礼》、《仪礼》、《礼记》三部书。

《周礼》原名《周官》，是后来西汉末年的刘歆把它改名为《周礼》的。它的成书年代，据考证应该是在战国时期。因为书中有许多古字常常和甲骨文、金文相同，所以推测《周礼》是先秦时代的著作。

《周礼》的内容很丰富。书中记载了我国古代百官所执掌的工作。它把百官分为天官、地官、春官、夏官、秋官和冬官六个门类。其中天官是执掌邦治的，也就是辅佐君王管理国家；地官是执掌邦教的，也就是帮助君王推行教化、安抚天下；春官是主管宗庙祭祀的；夏官是执掌军事的；秋官是执掌刑法的；冬官是执掌工程营造的，但这部分内容没有保存下来，亡佚了。

可以说，《周礼》主要是关涉政治制度的。它大致勾勒出了我国古代国家的体制，对后代国家机构的设置，有很大的影响。

《仪礼》是记载我国古代礼仪制度的专书，共 17 篇。主要记载如冠礼（成人礼）、婚礼、丧礼、祭祀礼、朝礼，及外交、宴会、射箭等等方面的礼仪内容和程式。比如对当时士人结婚的礼仪，就详细地记载了从接受彩礼，到成婚，到拜见宗族的全过程。并对其中每一个过程中的具体仪式，都有记载。比如纳受彩礼时，主人应如何站立，如何迎送，所送礼物的规格应如何等等。这些详细繁杂的礼仪，实际上是在古代氏族社会的宗法仪式基础上发展起来的规范，并成为后来整个封建社会中礼仪的根源。

《礼记》是有关古代各种礼仪文章的合编，主要是为了阐明礼的作用和意义。它的内容极为丰富。如《月令》篇记载了当时对于天气和农业关系的认识；《学记》篇记载了教育方面的内容等等。此外，对于儒家对社会的见解和态度、处世哲学、政治设想、礼治思想等方面都有表述。

"三礼"对于认识中华民族的历史风貌具有极大的价值。以"三礼"为代表的我国封建礼教的悠久传统，一方面维持了封建统治的秩序，一方面也压抑、摧残了人性，这一点是我们今天要认识到的。随着封建制度的崩溃，我们现在所讲的礼仪与礼貌，已与封建礼教有着本质的区别了。

"春秋"三传

《春秋》是我国现存最早的编年体史书，记载了从鲁隐公元年（公元前722年），到鲁哀公十四年（公元前481年）共240年的历史。所谓编年体，就是以时间为单位，依照年、月顺序记载历史事件的一种体裁。这样可以把史事和时间紧密结合起来，给人以明确的时间观念，容易让人们明了史事发生和发展的时代背景，及其因果关系。

《春秋》相传是孔子根据鲁国史官编纂的材料删订而成的。它的记事非常简单，有些类似新闻片段或标题，读者常常无法详细了解事情的具体情况。所以，后人就为《春秋》作了许多"传"，来进一步说明它的详细内容，阐发它在精简的语言里所包含的深刻含义。在这些"传"中，最著名的有三家：《春秋左氏传》，简称《左传》；《春秋公羊传》，简称《公羊传》；《春秋谷梁传》，简称《谷梁传》。这三部书合起来叫作"'春秋'三传"。

三传之中，成就最高的是《左传》。传说此书的作者是鲁国的太史左丘明，所以叫《左传》。但是否可靠，无法考证。现在一般认为它应该是战国初年的作品，可能是出自鲁国史官之手。因为《左传》的纪年是按照鲁国国君的世系编排的，左丘明有可能是本书的整理者。

《左传》记载了春秋时期从鲁隐公元年（公元前722年）到鲁悼公十四年（公元前453年），共269年间的历史。它对春秋时期各主要国家的兴衰强败，以及它们的内政、外交、军事等方面的史实，都做了系统的记载。尤其是对战争活动的记载，更是十分丰富、生动。春秋200多年间的重要战役，书中都有详细描述。而且，还辑录了许多春秋以前的史实和传说，保存了一些夏、商、西周的史料，是研究先秦历史的重要文献。

《左传》在记载历史时，既不夸饰美行，也不隐藏丑恶，而是秉笔直书，对统治阶级的暴行和丑行敢于暴露，并加以鞭挞，反映出进步的历史观。

《公羊传》传说是战国时期的齐国人公羊高所撰。起初它只是通过师生相教来口头传授，后来到西汉景帝时，由公羊高的后人公羊寿和弟子胡毋生写定成书。

《公羊传》主要是从抽象的义理上来阐述《春秋》的"微言大义"，多是空言说教，没有史实补充，史料价值不高。但是《公羊传》在解释这些说教时，常常是从当时的现实政治需要出发，在政治上主张"大一统"，具有鲜明的"天人合一"的色彩，这对加强封建专制主义中央集权，巩固国家的统一，是极为有用的。所以，在西汉时，研究《公羊传》就成为了一门显赫的学问。主张"罢黜百家，独尊儒术"的董仲舒，就是当时最著名的公羊派大师。

《谷梁传》相传是鲁国人谷梁赤所撰。它和《公羊传》一样，主要不是从史实上，而是从义理上来解释《春秋》的。

《国　语》

《国语》是我国最早的一部国别体史书。国别体史书就是以国家为单元，一个国家一个国家地来记载历史的史书。"语"在古代是一种把言语记录下来的书。这些言语一般都是有教育意义的。把各个国家的"语"集合成一书，就成了《国语》。

《国语》全书共 21 篇，有《周语》3 篇，《鲁语》2 篇，《齐语》1 篇，《晋语》9 篇，《郑语》1 篇，《楚语》2 篇，《吴语》1 篇，《越语》2 篇。它所记载的史事，上起周穆王征犬戎，下至晋国韩、赵、魏 3 家灭智伯，共约 500 多年的历史。

关于《国语》的作者，历来说法不一。最早因为司马迁说过是左丘明失明以后写的，后代学者一直到唐，便认为是左丘明写的。但唐以后的学者开始怀疑这种说法。有人认为是由西汉的刘向汇集各种资料而成的，也有人认为是许多人在不同时期陆续写成的。这种纷争，已经无法考证了。可以推断的是：《国语》和《左传》一样，可能与左丘明有一定关系，后来经过熟悉历史掌故的人加以整理，在战国初年或稍后编写成书。

《国语》和《左传》一样，都是记载春秋时期的史实，所以，古人又把《左传》称为《春秋内传》，而把《国语》称为《春秋外传》。这两本书互为表里，彼此可以参考补充。比如《左传》里记载"春秋五霸"之一的齐桓公的事迹很简略，而《国语》里的《齐语》则专门记载了齐桓公的宰相管仲辅助他成就霸业的许多事情。又比如越王勾践灭吴的故事，最早最详细的记载也是在《国语》里。

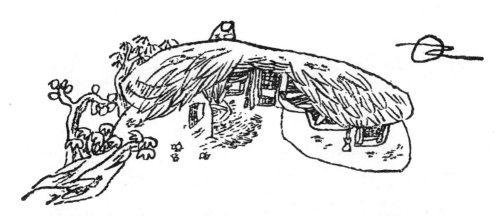

　　吴王夫差灭了越国后，把越王勾践也给俘虏了。勾践含耻忍辱，表面上对夫差很驯服，但暗地里却始终决心报仇雪耻。他为了激励自己，夜里就睡在柴火堆上，还经常地尝一尝悬挂着的苦胆，来提醒自己不要忘了所受的苦。最后，勾践回到了祖国，重新发奋图强，终于把吴国打败了。这就是历史上著名的"卧薪尝胆"的故事。

　　《国语》以记载言语为主，虽然只有 7 万字，但保存的史料比较丰富，而且比较可靠，是后人研究春秋历史的重要典籍。

　　从文字的角度看，《国语》中的文章大都质朴而简括，语言自然而较少润饰。有些人物，如勾践、夫差等，形象鲜明、生动、感人。因此，可以说《国语》是我国古代散文中的一部优秀之作。

《老 子》

《老子》又称《道德经》，是先秦诸子百家中道家的代表作品。全书分上、下两篇，上篇称《道经》，有 37 章；下篇称《德经》，有 44 章，合计共 81 章，5000 多字。

本书的作者老子，又叫老聃。也有说他姓李名耳，字老聃的。据司马迁在《史记·老子韩非列传》中记载，老子是春秋末年东周王室掌管图书的一个老吏。后世的学者多同意这种说法。

老子是先秦时期重要的思想家。他所创立的道家学说，对我国古代哲学的发展做出了杰出的贡献。需要注意的是，老子所创的道家，与后世的道教是不同的两个概念。道家是一种哲学门派，道教则是一种宗教。尽管老子被后来的道士尊为道教鼻祖，但老子本人是不宣扬任何宗教的。

《老子》一书的文字非常简单，但其中包含的道理却极其深刻、丰富，是很不容易说清楚、弄明白的。

老子认为，在有天地存在之前，就有"道"的存在，并且，由"道"可生出"一"，然后"一生二，二生三，三生万物"。尽管对这几句话如何解释，几千年来，一直众说纷纭，但至少可以明确的一点是，早在先秦时期，老子就已经开始探讨宇宙的来源及生成等重大的哲学问题了。

《老子》中包含有朴素的辩证思想。老子认为，即使是"先天地生"的"道"，也是始终处于不断的运动中，永不停息的。一切对立事物，比如美和丑、高和下、损和益、刚和柔、祸和福、荣与辱、拙与巧等，都是相互依存，而且在一定条件下是可以相互转化的。大家都知道老子这句话："祸兮福所倚，福兮祸所伏"，意思就是说祸是福所倚靠的，福是潜伏在祸里的。这是一种非常辩证的思想，和乐极生悲、否极泰来的道理都是一致的。

　　老子在为人上，主张退让，不争强好胜，而要显示出自己柔弱的一面。他在政治上主张"小国寡民"的无为统治。他的理想社会是这样的：人们都认为自己吃的饭是很香甜的，穿的衣服是很美丽的，周围的习俗环境是很愉快的，自己的居处是很安乐的；大家彼此都能看见对方，鸡和狗的叫声也都能互相听到，但就是直到老死了也不互相往来。这种思想被后世的道家引申为超脱现实的境地，对我国民族心理的一个方面有重大的影响。

　　总之，《老子》一书中包含了许多深刻的思想，而在阐述这些思想时，老子的语言却十分简单，甚至是不很明确的，所以就带有一种神秘的色彩。以致后人在对《老子》的研究、理解上都各有所见，不好统一。但无论如何，在中国古代思想中，唯一能与儒家思想相抗衡的，就是《老子》所代表的道家思想了。

《论　语》

宋太祖赵匡胤曾经问他的丞相赵普，凭什么来帮助他治理天下。赵普的回答很简单，他说就凭半部《论语》来定天下。那么，《论语》是一部怎样的书呢？怎么会有这么巨大的威力呢？

　　《论语》是记述孔子和他的门人弟子们的言谈及行事的一部书。由于它是以记载一段段的对话和言谈为主，所以被称作是语录体的著作。

　　据班固在《汉书·艺文志》中的说法，《论语》的成书应该是这样的：孔子平时在回答弟子或当时人们的一些问题时，他的弟子们就各自都记了一部分笔记。后来孔子去世了，他的弟子们就把这些零散的笔记编辑在一起，就成了《论语》。

究竟是不是这样，有没有具体的编订者，现在有不少不同的说法。但《论语》绝不是成于一人一时，却是肯定的。一般说来，可以笼统地讲是孔门弟子所撰。据推断，它的最后结集成书应在战国初年。

孔子，名丘，字仲尼，生于公元前551年，卒于公元前479年，鲁国陬邑人，即今天的山东省曲阜人，是我国古代最杰出的思想家、大教育家，也是两千多年来在我国思想文化史上占最重要地位的儒家学派的创始人。

孔子在我国思想文化史上的地位，是至尊无上的，被称作"圣人"。他所创立的儒家学派，形成了我国古代思想文化的核心。孔子又是我国最早的伟大的教育家，他是我国历史上第一个打破贵族对教育文化垄断的教育家。孔子创办了私学，广收门徒，从而在平民中普及了教育，这一功绩是极其不朽的。相传他招收了3000名弟子，其中出类拔萃的有72人。

《论语》现存20篇，主要记载的就是孔子的言论。它集中反映了孔子一生的政治活动情况和学说思想。因此，是研究孔子以及早期儒家学派的最重要的资料。

作为一名伟大的教育家，在学习上，孔子提出了许多有价值的方法和观点。比如孔子说"学而时习之"，"温故而知新"，重视对已掌握的知识的巩固。而在求学时，要"学而不厌"，"不耻下问"，要有一种好学常问的态度。孔子曾经说过，三个人在一起行走，其中一定有一个可以是当得起我的老师的，对他所具有的优点，要学习，引为榜样，对他的缺点，则引以为鉴，经过对比，然后来改正自己的毛病。孔子的这些见解，在今天对我们的学习也仍然具有重要的指导作用。

对后人来说，还可以通过《论语》看出春秋后期社会大变革的现象，了解当时的伦理关系和社会关系，具有很高的史料价值。

《墨　子》

《墨子》是记载墨翟和墨家学派主张的最主要的一部著作。

墨子姓墨名翟，鲁国人，今山东曲阜一带人，约生于公元前468年，卒于公元前376年，当在孔子、孟子之间，活了很大的岁数，是先秦时期墨家学派的创始人。

墨子出身于平民，能亲自参加劳动。他的手很巧，据说他曾用3年的工夫做了一个木头鸟，这个木头鸟自己在天上飞了一天才掉下来。

《墨子》一书，现存15卷53篇，大致可以分为5个部分，其中有墨子的学生所记的和后人伪造的。据说墨子少年时也曾跟别人学习过儒家学说，但他认为儒家讲的礼仪太烦扰了，而且儒家主张的厚葬也太浪费钱财了，因此就舍弃了儒家学说，而自己创造了墨家学派。

墨子在政治上主张"兼爱"、"非攻"，就是宣扬人与人之间的互相亲爱，而反对战争。比如墨子听说一个名叫公输盘的人，为楚国修建了云梯，准备用来去攻打宋国。墨子一听到这个消息，立刻不远千里，风尘仆仆地赶到楚国，和公输盘进行了一场论辩，最后说服了楚王，阻止了这场战争。

在生活上，墨子主张勤俭节约，反对儒家大肆铺张的厚葬，而提倡节葬、节用。墨子也反对儒家用礼乐来教化人民的观点，而是主张任用贤能之人来治理国家。

信仰墨子学说的人当时很多，主要是因为墨子能够反映当时平民的利益和要求。这些信徒们都有很严的纪律，平时故意让自己受苦来修炼自己，而且都十分讲义气，十分忠诚。据说服侍墨子的有180个人，都能为墨子赴汤蹈火，视死如归。《吕氏春秋》上记载当时墨家有个大头头叫孟胜，给楚国阳城君守城，后来城池被敌人攻破，孟胜死了，跟随他自杀的弟子有183人。到秦汉以后，墨家才逐渐衰落了。

《墨子》中有关于逻辑思辨的论述，是逻辑学研究上的重要资料。另外还有一些篇章记载了不少关于讲防御战术和攻守工具的资料，这对于研究当时的生产水平和战争状况很有意义。尤其值得注意的是，书中论述了一些科学原理知识。如关于几何学、光学、数学的论述，在我国古代科技史上也有极重要的参考价值。

从文学上看，《墨子》一书不重视辞藻的雕饰，显出一种质朴的风格。但这种文风并不影响它的说服力，因为《墨子》中许多篇章的逻辑性都很强，层层推导，一环扣一环，最后必然得出让别人服气的结论，在论辩上极具说服力。

《孙子兵法》

《孙子兵法》是一部在全世界都有着广泛影响的我国古代军事学名著。据说，在第一次世界大战期间，德国的皇帝威廉二世在读了《孙子兵法》之后，感叹地说："如果我早一点读了这本书，我就不会打败仗了。"

《孙子兵法》的作者是孙武，是我国春秋时期伟大的军事家。他是齐国人，后来离开齐国到吴国，和伍子胥一起帮助吴国攻打楚国。据说他刚到吴国后，吴王问他能干什么，孙武说会用兵。吴王就出个难题给他，让他训练一下自己后宫的宫女。孙武痛快地答应了，于是他就当着吴王的面把这些宫女分成两队，并让两个吴王的爱妃当队长。然后孙武就向这些宫女讲解了怎样前进、后退、列队等等。可是这些妃嫔宫女们哪里听得进去这些命令，只当游戏，嬉笑成一团。孙武就又重新解释了一遍命令，可这些宫女仍然毫不理会。到孙武第三次下令时，宫女们笑得更厉害了，于是孙武大怒，命令将两个队长斩首。吴王起初并没当真，后来看到真要执行，连忙向孙武求情，可是孙武却说治军要严明，不能受国王的左右，还是把两个不尽职的队长斩首了。结果再下令时，宫女们一个个都不敢不听令了。

关于孙武是《孙子兵法》的作者，在宋以前是没有疑问的，可是宋以后的学者，就开始怀疑是否真的如此。这种疑问一直持续到近代中国，甚至影响到一些日本学者，认为它是我国古代孙膑写的。直到1972年，在我国山东临沂银雀山汉墓中，出土了一批竹简，其中有一种就是失传了1000余年的《孙膑兵法》，同时还有《孙子兵法》竹简。这样，才证明了孙武的确是《孙子兵法》的作者。

　　《孙子兵法》现传世 3 卷、12 篇，共 7200 余字。它把战争看成是一个全局性的整体事件，不是单纯地就一场战争来论一场战争，而是从整体的角度去认识、分析战争，认为这是国家的一等大事。在战争中，还要辩证地来看敌对双方的关系，指出战争双方力量的对比，在一定的条件下是可以互相转化的。再如双方交战要避开对方的实力，而攻击它的虚处；避开对方的精锐，而攻击它的疲军等等。

　　书中还指出，战争要凭借经济实力，要处理好统帅和士兵的关系。在具体的用兵、布阵、进攻方法等方面，也做了大量精彩的论述，并提出许多精到的见解。

　　《孙子兵法》的一些基本军事思想，至今仍闪耀着智慧的光芒，如"知彼知己，百战不殆"，战争应以政治攻心为主，"攻城略地次之"，"攻其不备，出其不意"，"以逸待劳，以饱待饥"等原理，一直是两千年来军事思想的指导。

　　《孙子兵法》在 17 世纪传到日本，18 世纪后有法、英、德、俄，捷等文译本，被尊为"兵法经典"和"世界古代第一兵书"。

《庄子》

在道家经典著作中，能与《老子》并称的，就是《庄子》。《庄子》的作者庄周，约生于公元前 369 年，约卒于公元前 286 年，是战国时代宋国蒙人，也就是今天河南省商丘县东北地方的人。他曾经当过蒙城漆国吏这样的一个小官。

《庄子》现存 33 篇，包括《内篇》7 篇，《外篇》15 篇，《杂篇》11 篇。现在认为《内篇》是庄子的作品，其余的多出于庄子学生的追述。

庄子认为，宇宙间的万物都处于无始无终的变化之中，一切都是瞬息，一切都会过去。人生天地之间，就像一匹白马一闪而过一个小细缝一样，非常快，一下子就结束了。所以一切都表现出一种相对性，无所谓大小、高下、死生等等。动物秋天生的细毛的末端，和巍巍耸立的高山，无法说谁大谁小；活不过一天的朝菌，和能活好几个 8000 岁的大椿树，无所谓谁长寿谁短寿。在庄子的眼中，空间、时间都消退了，只有人的思想可以自由驰骋。

所以，庄子是追求绝对的人身自由的。他认为，大得不知道有几千里的鲲，尽管可以兴风作浪，却还要靠波浪的浮载来游动，这不算自由。由鲲而化的大鹏鸟，尽管翅膀大得像天边的云朵，能够高飞直上 9 万里，但还要借助风的支持，这也不算自由。至于其他的一些小鸟、昆虫就更不自由了。而要想做到绝对自由，不受任何外界变化的侵害，像大旱也热不着，大涝也淹不着的神人一样，只有忘我、无我，超脱出主观的自我和客观存在的界限，与天地精神往来。

《庄子》中有许多深刻复杂的道理，然而让人看来却不觉枯燥乏味，一个重要的原因就是庄子善于用寓言故事来打比方。他经常用形象化、拟人化的寓言，驰骋想象，来表达他那些清新活泼的思想。比如庄子为了说明养生的道理，就讲了一个"庖丁解牛"的故事。庖丁是一个厨师，出于职业的原因，他经常要宰杀许多牛。别人用的刀，几天就磨钝了，而庖丁的刀用了19年还如同新的一样。人们问他有什么绝招，庖丁说他只是非常熟悉牛的结构，用薄薄的刀片，顺着牛身体结构间的缝隙入刀，是磨损不着刀的，所以无论多长时间，也不会把刀磨钝。庄子用这个故事，说明了人的养生要尊重规律，顺应自然的道理。《庄子》一书总的倾向是超脱现实世界的，反映出庄周对当时社会发展的失望，以及寻求心灵解脱的愿望。

《孟　子》

中华民族向来是一个有气节的民族。你一定听说过"富贵不能淫，威武不能屈，贫贱不能移"吧！意思是说做人应当面对富贵而不过分奢侈，面对强暴而不屈服，身处穷困而不改变人格。这样的人，才是一个堂堂正正的中国大丈夫。这些话，就是写在《孟子》一书中的。

《孟子》是继《论语》之后的又一部儒家重要经典。它和《论语》一样，也是由孟子的弟子们整理孟子的言论，然后编辑成书的。其中也杂有孟子弟子的一些话语。

孟子，名轲，字子舆，生于公元前372年，卒于公元前289年，今天山东省邹县人。他是我国战国时期著名的思想家，也是孔子之后的儒家的又一主要代表。

孟子本来是鲁国一个贵族的后裔，但到了他这一辈，家道已经衰败了，生活是很贫困的。传说孟子小时候非常贪玩，不爱学习，经常与邻里一些没出息的人混在一起。孟子的母亲看到这种情况很着急，为了让孟子能在一个较好的环境中成长，孟母搬了三次家。这就是有名的"孟母三迁"的故事。

可是孟子仍然不十分上进，对学习的态度也不认真。一天，孟子又在外面玩耍很久才回家，他的母亲正在织布，见孟子又没好好学习，十分失望，拿起剪刀，一下子就把刚织好的布剪断了。孟子很不理解这是为什么，孟母就说："你不思上进，我整日辛辛苦苦地织布又有什么用？"孟子听了这话很受震动，于是从此刻苦学习，终于成了一名伟大的思想家。这段故事在历史上也很有名，叫"孟母断机"。

《孟子》原书据说有11篇，其中"外书"4篇已经失传了，现在只有"内书"7篇保存下来。它们是：《梁惠王》、《公孙丑》、《滕文公》、《离娄》、《万章》、《告子》、《尽心》。

孔子经常讲到"仁"。孟子除"仁"之外，还非常注重"义"。孟子认为，生命是每个人都很看重的，每个人都想好好地活着。同样，"义"也应该是每个人都要看重的。当"生"与"义"发生冲突，不可兼得时，孟子主张舍生取义。

孟子还认为，人的本性都是善良的，所谓"恻隐之心，人皆有之"，就是说人人都有同情心。因此，当君主的就应把这种同情心推广到政治上，实行"仁政"，这样才能保民而王。可见，孟子是把人民百姓看作是一个国家的基本力量。孟子说过"民为贵，社稷次之，君为轻"的话。这种以民为本的思想，在等级森严的封建社会，是很可贵的。

孟子还讲过，一个人要想做成一番大事业，一定要受许多许多的磨难与锻炼，使他的决心更大，意志更坚，头脑更清楚，然后才有可能成功。这是很有道理的。

总之，《孟子》一书中的许多主张，在今天看来，仍然十分有价值，对于我们的生活，仍然具有指导意义。

"四书五经"

"四书五经"是我国封建社会读书人必读的儒家经典著作，是读书人拜学做官专用的固定教科书。

"四书"，指《论语》、《孟子》、《大学》、《中庸》。其中《大学》和《中庸》原本都收在《礼记》中，到了宋代，才被朱熹从《礼记》中抽出，与《论语》、《孟子》相配，合称为"四书"。

我们已经介绍过《论语》和《孟子》了，下面再介绍一下《大学》和《中庸》。

关于《大学》的作者到底是谁，现在已无从得知。传说是孙子的弟子曾参所作。它是一篇议论如何平治天下的政治性论文。它的主旨在于使人们的美德得以显明，鼓励天下的人革除自己身上的旧习，达到善的最高境界。并且还具体详细地解释了什么叫修身、齐家、治国、平天下。所谓修身，就是努力让自己的心保持端正而没有邪念；所谓齐家，就是通过提高自己的品德修养来管理好家庭；所谓治国，就是在齐家之后，以仁爱之心治理好国家；所谓平天下，就是做国君的要推己及人，喜爱人民所喜爱的，憎恶人民所憎恶的，让天下在仁义之中得到安定、太平。

《大学》中所阐明的这些思想，都成为封建社会伦理道德、政治哲学的核心。它本身也被历代封建统治者和封建文人尊奉为政治经典。

《中庸》是一篇带有唯心主义观点的儒家哲学论文。它的作者相传是孔子的孙子子思，但这并不可靠。现在看，它的成文当在秦汉之际。

《中庸》一文，认为人类的最高道德就是"中庸"。那么，什么是

"中庸"呢？不偏于一方就叫"中"，不改变常规就叫作"庸"。"中"的意思是天下的正道，"庸"的意思是天下的定理。如果人的喜怒哀乐藏在心里，没有表露出来，那么就叫"中"，表露出来但又不过分，而且合乎法度，那么就叫"和"，如果达到了"中和"，那么天地就各得其所，万物就发育生长了。在社会中，只有君子才讲究中庸之道的，小人的言行都是违背中庸的。

与"四书"同样重要的"五经"，指的是《诗经》、《尚书》、《礼记》、《周易》、《春秋》五部儒家经典之作。这五部著作，前文都已经介绍过了，这里就不再介绍了。

从朱熹著《四书章句集注》，到明代官修《四书大全》和《五经大全》，"四书五经"的地位越来越高，作用越来越大，从明朝恢复科举考试后，一直到清朝，始终都是读书科考的固定科目。

《荀　子》

儒家在孔子去世后，分成许多个小派别。在孔子之后的最重要的儒家代表人物，前期是孟子，后期就是荀子。《荀子》一书就是他著的。

荀子名况，约生于公元前 313 年，卒于公元前 238 年，战国末期赵国人，今山西安泽县人。又称荀卿，汉宣帝时为避宣帝的名讳，而"荀"与"孙"二字古音相通，又被称作孙卿。他在 50 岁时才开始去齐国游学，三次被齐王任命为当时最高学府稷下学宫的祭酒，也就是相当校长的职务。后来，他又去了楚国，被楚王任命为兰陵令，于是就住在了兰陵，著书终老。

《荀子》现存 32 篇，由荀况的弟子们纂辑而成，也较完整。它的涉及面十分广泛，内涵极其丰富。在天道观上，荀子把"天"解释为自然界，认为有其自身规律，而不以人的意志为转移。他说自然的运行是有常规的，它能不因为有尧这样的圣人才存在，也不因为有桀这样的昏君而消亡。这是一种非常可贵的朴素的唯物主义自然观。

在认识论上，荀子提出了唯物主义的世界可知论，认为人类是可以认识自然、掌握规律、战胜自然的。而认识的来源在于主观和客观的接触。

在逻辑上，荀子着重演绎推理的运用，这就是由一般到特殊的推理方法。他反对诡辩学说，强调事物的名实必须相符合。

在人性论上，荀子与孟子相反，认为人性是恶的，因此必须通过"礼"的教化来改恶从善，重视社会环境的教育改造作用。

《荀子》在行文上风格雄浑，论断缜密，结构严谨，善于运用日常生活中常见的现象作为譬喻。如"青出于蓝而胜于蓝"，"锲而不舍，金石可镂，锲而舍之，朽木不折"，这些脍炙人口的警句格言，至今仍富有生命力。

《韩非子》

《韩非子》是诸子百家中法家学说的集大成者韩非的著作，是法家学派的代表作。

韩非本是韩国贵族的后裔，约生于公元前 279 年，卒于公元前 233 年。那时正是一个诸侯争霸，战乱不断的年代。韩国很弱小，时刻都有被吞并的危险，因此韩非十分着急，多次给韩王上书，请求韩王修明法治，以图富国强兵，然而韩王却不采纳他的意见。于是韩非就写了许多文章来宣传自己的政治主张。

这些文章流传到秦国，被当时年轻的秦王嬴政，就是后来的秦始皇看到了，感到非常精彩。但秦王以为这是古人所写的，就不禁拍案而叹道："如果我能看到此人，并跟他交往学习，就是死了也没什么遗憾的了。"秦王的大臣听到这话，就告诉他这些文章的作者是韩国的韩非，还活着。秦王一听，立刻下令紧急攻打韩国，要把韩非抓来，为己所用。韩王见秦兵打来，自知不是对手，就急忙把韩非交了出去，让他去见秦王。可是到了秦国后，韩非并没得到秦王的信任与重用，反而被自己的同学，秦王的丞相李斯谗害，结果下狱而死。

《韩非子》现存 20 卷，共 55 篇。对这 55 篇文章的真伪，历史上存在着争议。现在看来，其中有部分篇章是后人托名伪作的。

韩非在书中融汇了战国以来法家的种种思想，形成了以君主为中心的地主阶级专制主义中央集权的政治学说。他提倡变法革新，反对复古守旧；主张用法的威严来统治，而不主张儒家传统的礼治思想；鼓吹专制主义的中央集权制度，而反对分封制度。这对秦始皇统一六国，建立我国历史上第一个封建专制主义的中央集权国家，起了重大的作用。

儒家从来都"是古非今"，认为古代的一切都比现在的好，比现在的正确。韩非却鲜明地提出了"是今非古"。他认为，历史在不断地前进，社会在不断地变化，不能一切都遵从过去的标准，而应该通过变法革新来适应这种变化。

在哲学思想上，韩非具有一定的唯物主义的自然观和认识论。他反对"天命论"的说法，认为在自然界之上，并不存在什么神秘的主宰，人是能够认识客观世界的，人力是可以战胜"天命"的。这些思想，是非常进步的。

韩非在文章中，为了进行说理，往往引用古史来加强自己的说服力，所以《韩非子》中保存了许多有价值的史料。如书中提及的"司南"，就是指南车、指南针的前身，证明了早在公元前 3 世纪，我国人民就能利用磁石指示方向了，有助于人们了解我国古代科学技术发展的情况。又如关于有巢氏，燧人氏的记载，则再现了我国原始社会的生活情景，有助于人们对原始社会的清楚认识。

《韩非子》的行文有鲜明的特点，文章的语言尖锐深刻，犀利峻峭。论辩则环环紧扣，层层深入，具有极强的逻辑性，极有说服力。此外，为了更形象地说明问题，书中还用了大量的寓言故事，使论述显得生动活泼。比如著名的"守株待兔"和"自相矛盾"的故事等等。"矛盾"一词，就是从那里来的。

《战国策》

战国时期，诸侯们为争夺天下，各个都费尽了心机。政治舞台上风云变幻，中原战场上干戈不休。与这种情况相适应的是，当时出现了大批各有所见的谋臣策士。他们或者为获得功名利禄，或者为实现自己的政治主张，奔走于各诸侯国之间，纷纷献计献策，都想通过施展自己的才华来帮助某一诸侯统一天下，成就大业。记载这些谋臣策士的谋划或说词的书，就是《战国策》。

《战国策》又称《国策》、《国事》、《事语》、《短长》、《长书》及《修书》等。最早只是一些散乱的篇章，后来经过西汉时期刘向校订、整理，才编订成书。关于它的作者，已不可考。有人说是楚汉时期的蒯通所作。实际上《战国策》绝非一人之作，大概是秦汉时期的人杂采各国史料编纂而成的。

刘向整理后的《战国策》共有33篇。后来，在流传中逐渐有所散佚。到了北宋，由著名的"唐宋八大家"之一的曾巩，经过多方搜求，又补足了原来的33篇，但已经完全不是刘向编订的原貌了。现在通行的《战国策》就是曾巩编订的版本。

《战国策》也是按国别分类的，共有西国、东国、秦、齐、楚、赵、魏、韩、燕、宋、卫、中山12策，每策又分若干篇，每篇又分若干章。现存计有12策33篇486章。它的记事从春秋末年韩、赵、魏三家灭智氏开始，一直到秦二世胡亥继位止，共245年的历史。

由于《战国策》是一部汇编而成的书，所以它的思想内容十分驳杂，儒、墨、道、法、兵，各家的思想在书中都有所反映，然而其主要倾向则是反映了鲜明的纵横家思想。

书中主要记载了那些活跃在当时各国政治舞台之上的谋臣策士们，如何耍弄手段，卖弄诡谲，互相斗智斗诈的故事。孟子曾评论过这些人，认为他们如果生气了，那么连诸侯都要惧让三分，而他们如果老老实实地待在家里，那么天下也就太平无事了。

　　比如当时秦国有个著名的策士叫张仪，此人嘴尖舌利，奸险狡诈，惯以三寸不烂之舌蛊惑骗人。据说他有一次曾被人狠狠地打了一顿，起来之后，他问别人他的舌头坏没坏，别人说没坏，张仪就很开心地说，只要舌头还在，一切就都好办。后来他出使楚国，对楚怀王说秦王想给楚王600里土地，昏庸贪婪的楚怀王信以为真，就随张仪到了秦国，结果被秦扣押，最后客死在秦国。

　　当时的策士在阐述自己的见解时，为了增强说服力，常常通过讲一些寓言故事来做比喻。《战国策》里就记载了许多这样的寓言，如"画蛇添足"、"狐假虎威"、"惊弓之鸟"、"南辕北辙"等。

　　《战国策》的史料价值是极大的。它形象地反映了战国时代尖锐激烈的斗争形势，错综复杂的社会矛盾，以及战乱频繁的民间疾苦。从文学角度看，又好似一幅恢宏壮丽的时代画卷。

《楚　辞》

楚辞，有两个意思。一是指战国时期在楚国民歌基础上发展起来的一种诗歌体裁。其特点是在诗篇中大量地引用楚地的方言词汇，描述楚国的风土物产，具有浓厚的楚国地方特色。另一个意思就是指汉代刘向把以屈原为首的楚辞作家的作品编成的一部作品集，名字就叫《楚辞》。

楚辞的最杰出的代表作家就是屈原。

屈原，我们都知道，是我国文学史上第一位大诗人，也是一位伟大的爱国主义者。他为了自己的政治理想，上下求索，历尽磨难，九死不悔，以自己贞洁芬芳的品格，赢得了万世的敬仰。

屈原约生于公元前 340 年，卒于公元前 278 年。"原"是他的字，"平"才是他的名。他所处的时代，正是战国后期，中国由战乱走向统一的时代。当时，七雄争斗，而最有希望统一中国的就数秦国和楚国。自然，屈原对自己的祖国是充满了希望的。于是，他在政治上就积极地行动起来，对内主张修明法度，举贤授能；对外主张联合齐国，共抗强秦。起初，屈原得到了楚怀王的信任与重用，出任左徒之职，掌管楚国的内政外交。然而，后来屈原在起草"宪令"时却得罪了上官大夫靳尚。靳尚等小人就开始极力诋毁屈原，结果昏庸的楚怀王就疏远了屈原，罢免了他左徒的职务，改任三闾大夫，掌管宗室子弟的教育工作。可是靳尚等小人仍不罢休，再三进谗言，怀王终于将屈原流放。后来顷襄王继位，比怀王更昏庸无道，屈原又遭到了流放，被放逐到荒蛮的江南一带。在流放中，屈原仍然念念不忘楚国，关注着楚国的命运。可是，公元前 278 年，秦军攻破了楚国的都城，彻底地粉碎了屈原心中的一切希望。国家灭亡了，屈原在悲愤交加之中，于这一年的农历五月初五，自沉汨罗江而死。两千多年来，这悲壮的一幕一直铭刻在中华民族的记忆之中，每到端午节，人们都包粽子，赛龙舟，来表达对屈原的纪念。

屈原用满腔的忧愤，化成美丽的诗篇，成为我国最早的作家。《楚辞》中最主要、篇幅最多的就是他的作品。

屈原的作品有《离骚》、《九歌》、《天问》、《九章》、《远游》、《卜居》、《渔父》。其中最重要的就是《离骚》。对于"离骚"这两个字的解释，有人说是"离愁"，有人说是"遭忧"，也有人说是"牢骚"。全诗373句、2490个字，是我国文学史上第一部长篇诗作。它以炽热的感情，奇特的想象，神采飞扬的语言，严整的结构，表现了对光明的执着追求，对人生的热烈眷恋，以及不同腐朽黑暗同流合污的光辉峻洁的人格，抒发了屈原热爱祖国，心系人民，不惜牺牲的感情。

《九歌》是屈原在流放途中，采撷民间乐歌，经过加工创作而成，共11篇。主要是对神灵的祭祀之歌。其中的《国殇》则是对为国捐躯的将士的赞美，雄浑悲壮，感人至深。

《天问》相传是屈原看到神庙的壁画，对画的内容提出诘问，然后写出来的。全诗共提出172个问题，包括宇宙自然、社会历史、神仙传说等各方面的内容，深刻浩大，悲愤郁积，表现了对传统的怀疑和对真理的探索精神。

《九章》是屈原在流放中陆续写的九篇诗作。其中《桔颂》表达了诗人决不抛弃祖国的坚定爱国信念。

从文学发展史的角度看，可以说《楚辞》是继《诗经》之后文学上的又一座高峰。它开始运用具有浪漫主义创作特征的创作方法，丰富了我国诗歌的表现形式和技巧。屈原及他的诗篇，不仅是中华民族的文化珍宝，而且也早已作为全人类共同的精神财富而受到世界人民的尊重。1953年在诗人逝世2230周年之际，全世界进步人士将他列为世界文化名人，隆重纪念。他的作品也被译成各国文字而在世界上广泛流传。

《吕氏春秋》

大家知道"一字千金"的故事吗？公元前 239 年，在秦国的国都咸阳城门上，贴出了一张告示，上面说现在相国写成了一部书，特地广招天下各地诸侯、游士、宾客来品评，如果有谁能增加或减少这部书中的一个字，就赏他千金。贴这张布告的，是相国吕不韦，而这部书的名字，就是《吕氏春秋》。

吕不韦本来是卫国的一个大商人，靠贱买贵卖发了大财。可是他的野心却很大，并不安心于做一名商人。有一年他到赵国的都城邯郸做生意，遇到了秦昭襄王在赵国做人质的孙子子楚。这种人质并不是像现在被劫持的人质，而是古时各诸侯国之间为了取得相互的信任，而互相把国王的子孙抵押在别国的一种做法。子楚一个人在赵国做人质，也没人管他，所以情况十分窘困。据说吕不韦一遇到苦难中的子楚，立刻大呼"奇货可居"，他要利用子楚来实现他的政治野心。于是吕不韦就拿出 500 金来接济子楚，成为子楚经济上的后盾，然后又用 500 金到秦国去四处活动，最后果然说服秦王，立子楚为嫡嗣，准备让子楚继承王位。面对这样一个给了自己全面帮助的大恩人，子楚自然感恩不尽，发誓要重重报答吕不韦。果然，在子楚做了秦王，史称秦庄襄王之后，吕不韦立刻也跃上了政治舞台，做了秦国的丞相，并被封为文信侯。后来太子政继位，吕不韦更是煊赫一时，被称为相国，号称仲父，即秦王的第二个父亲的意思。可是后来由于涉及到宫中丑闻，秦始皇下令罢了吕不韦的相国，让他全家搬到四川去，吕不韦害怕被灭族，就一个人服毒自杀了。

吕不韦在相位的时候，效仿战国四公子，也广招门客 3000 人。这些人在吕不韦的门下也没什么大事可做，于是吕不韦就命令他们根据自己的见闻，各尽所长，写了许多文章，最后编订成《吕氏春秋》。

《吕氏春秋》又称《吕览》，共 26 卷，分十二纪、八览、六论三部分，每纪又分 5 篇，每览又分 8 篇，每论又分 6 篇，所以篇章共有 160 篇。

书成以后，由于其内容驳杂，包容了诸子百家中许多家的思想，所以被称作"杂家"。然而就其编排体例看，全书是十分严整，很有系统性的。

吕不韦自己对这本书是很得意的，于是才有"一字千金"的悬赏。不过这部书并不是真的精严到一个字都增删不了的地步，当时没人出来，只不过是畏惧吕不韦的权势罢了。

由于历史的原因，先秦诸子百家的书散失的很多，知其人名书名而不知其学说的更多，而《吕氏春秋》中引用了许多诸子百家的话语，就给后人的研究工作增加了许多材料。而且此书又是成于众人之手，这些人又都分属不同学派，自然也为后人补充了许多关于先秦诸子的史料，所以这方面的价值是极大的。

《尔 雅》

现在的词典，有许许多多，五花八门。可是，我国历史上的第一部词典是什么呢？它就是《尔雅》。

《尔雅》的名字是什么意思呢？"尔"是"近"的意思，"雅"是"正"的意思。就是说，这是一部对每个字词的读音和解释要尽量接近正确的词典。

关于《尔雅》的作者有许多说法，一种认为是周公最早作了一篇《尔雅》，后来由孔子及弟子子夏等增补而成的；一种认为是孔子的弟子门人所作的；还有一种认为是秦汉之间的经师们编辑旧文而成的。一般认为最后一种说法的合理性大些。

《尔雅》现在一共存有三卷，它把所要解释的词，按照内容分成了19类：

释诂、释言、释训、释亲、释宫、释器、释乐、释天、释地、释丘、释山、释水、释草、释木、释虫、释鱼、释鸟、释兽、释畜。

从分类上可以看出，前3篇就是一般普通的词典，而后面的16篇则是带有百科性质的词典。

《尔雅》收辑了十分丰富的古代词语，并对之加以精细的整理和解释，开创了我国历史上编辑词典的先河，对后世有很大影响。它不仅解释了古代经书中的词语，成为我们研究先秦词汇、阅读古书的重要工具书，而且还包含了十分广博的百科知识，描述了古代社会风貌，反映出当时的人们对天文、地理、生物等方面的理解，因此也是研究当时社会生活、思想状况的一部重要史料书。

《山海经》

《山海经》是我国古代社会一部非常古老的杂史名著。关于它的作者，由于年代十分久远，无法确定。古人一直认为它是大禹时代的一部书，而这是不足为信的。

《山海经》共18卷，分为《山经》5卷，《海经》13卷。据史书记载，此书原来只有13卷，所以现在传下来的18卷中，一定有后人再增加的。可以肯定地说，传下来的《山海经》不是哪一个时代，哪一个人的著作，而是经过长期积聚而成的。而且《山海经》原来是有图的，因为古书记载中提到过许多种的《山海经图》。所以可以推测，《山海经》有可能是《山海图》的文字解说。

《山海经》自古以来就被称为"奇书"。其中《山经》按东、西、南、北、中5个方位，分5部分，记载了5方的山川。《海经》包括《海外经》4篇，《海内经》4篇，《大荒经》4篇，又《海内经》1篇。书中记载了这些五方之山，八方之海，包括了名山大川、矿产资源、鸟兽昆虫、殊域异国、八方民俗等内容，保存了上古时代人们生活的记录，是研究古代地理、历史、神话、宗教、民俗、医药、生物、矿物、祭祀等方面情况的重要文献。

《山海经》对后代的文学还产生了巨大的影响。这主要表现在书中所记载的大量神话。与世界文学相比，我国的神话是不够发达的，记载神话的古籍也很少，而《山海经》就是其中最重要的一部。

夸父追日的故事，就是记载在《山海经》中的。传说在很古很古的时候，有一个叫夸父的人，他看到光灿灿的太阳，感到很美丽，也很奇怪。尤其是太阳每天从东方升起，又从西方落下，似乎像一个人一样在天空中走动。夸父想追上太阳看个究竟，他追呀追呀，离太阳越来越近，也越来越渴，于是夸父就跑到大泽里喝水，把大泽的水都喝干了，但还是渴。最后，夸父终于渴死了。死前夸父把手杖一抛，化作了一片树林，给后来的行人留下了一片荫凉。这个神话反映了我国古代人民想要了解自然，征服自然的勇气，给后人以极大的启迪。

《山海经》中还记载了许多著名的神话，如精卫填海、后羿射日、黄帝战蚩尤等等。此外，也记载了许多稀奇古怪的事情，比如飞车国、大人国、小人国、君子国、六头鸟等等。

这些神话传说，内容奇特，想象丰富，令人赞叹。其中包含的简单的故事情节和人物形象，孕育了后代小说的胚胎。那浓郁的浪漫色彩，也给后代小说以极大的影响。如魏晋时期的志怪小说，唐传奇，以及《西游记》、《封神演义》、《镜花缘》等，都与《山海经》有着继承关系。

《史记》

《史记》是我国历史上第一部纪传体通史，在以后的正史修撰上，具有发蒙起例的意义。它记载了上自上古传说中的黄帝，下迄汉武帝太初年间约 3000 年的历史。全书 130 篇，52 万多字，分为本纪、表、书、世家、列传 5 个部分，可以说是一部宏大的历史巨制。

《史记》的作者就是大名鼎鼎的司马迁。

司马迁，字子长，是西汉夏阳人，也就是今天的陕西省韩城县人。他确切的生卒年已不可考，大约是生于汉景帝中元五年，也就是公元前 145 年左右，去世大约是在汉武帝的末年，也就是公元前 87 年左右。可以看出，司马迁的主要活动时期是在强盛的武帝时期。那时候，经过文景之治，西汉的经济有了很大的发展，中央集权的封建专制主义的大一统政治已经形成，文化学术也出现了一派繁荣的景象，时代呼唤着中国历史上的第一部通史的出现，以期达到通览古今，究察天人。于是，司马迁以他的家学源渊和过人的才智，承担并出色地完成了这一传代的使命。

司马迁的先祖本来就是周朝的史官，到了他的父亲司马谈更是在当时的西汉中央政府做太史令，负责掌管天下的图书和收集天下的史料。司马谈在这一职位上一直干到病故，前后长达 20 余年。在这样的家学熏陶下，司马迁自幼就博览群书，刻苦好学。他 10 岁就开始诵读古文，后来又跟着当时著名的经学大师董仲舒学《春秋》，跟孔子的 13 世孙孔安国学《古文尚书》，打下了十分扎实的功底。在他长到 20 岁的时候，为了增长见闻，司马迁开始了他的游历生涯。他一边游历，一边采集历史传说，进行了历史调查。他来到淮河流域，采集了流传很广的陈胜、吴广起义的许多故事，参观了当年刘邦、项羽楚汉相争的古战场。他又到了会稽（今浙江绍兴），去探访传说中大禹治水的遗迹，登上庐山看长江东去，感受历史长河淘洗世界的风韵。又来到汨罗江畔，在屈原投水的地方默默地凭吊。然后他北上到孔子的故乡曲阜，考察孔子的遗风。最后，他回到长安，不久做了郎中，成了武帝的侍从，经常跟着武帝去各地游览，足迹几乎踏遍了全国。司马迁的这种经历，极大地开阔了他的心胸和眼界，也极大地丰富了他对历史传说、掌故的占有，为他着手写《史记》奠定了雄厚的基础。

　　司马迁在父亲司马谈去世后，继任了太史令，并开始了《史记》的写作。不料正在他全身心地投入到这一工作的时候，一场横祸从天而降。起因是：当时有位将军叫李陵，汉武帝派他去攻打匈奴，结果兵败，李陵投降了匈奴。消息传到长安，武帝大怒，要杀李陵的全家，但司马迁却认为李陵的投降必有原因，也可能是诈降，就替李陵辩护，结果触怒了武帝，被关进了监狱。由于司马迁家里世代都是史官，也没有攒下太多的钱，不能凑足钱来为自己赎罪，结果司马迁受到了惨无人道、极端耻辱的宫刑。受刑以后，司马迁几次都不想再活下去，但又想到《史记》还没写完，就决定忍辱含耻，以极大的勇气活下去，把《史记》写完。他还用古代的圣贤为榜样来激励自己：周文王是在狱中推演出八卦的；孔子也曾经被人围攻，几乎饿死，却编订了《春秋》；左丘明双目失明后写出了《国语》；屈原被放逐后写出了《离骚》……司马迁就是以这种精神为支柱，终于写成了传世的不朽巨著《史记》。

这本书的原名叫《太史公书》或《太史公记》。从三国开始，才称作《史记》。在《史记》的 5 个部分中："本纪"是记载天子、帝王的事迹，有 12 篇；"表"是按条理记载历史大事的，有 10 篇；"书"是记载典章制度的，有 8 篇；"世家"是记载诸侯贵族的，有 30 篇；"列传"是记载名家历史人物活动的，有 70 篇，合起来就是 130 篇。其中"本纪"和"列传"是全书的主体，所以就把司马迁所开创的这种编写方法称之为纪传体。司马迁创作《史记》是有明确目的的，用他自己的话说就是"究天人之际，通古今之变，成一家之言"，"稽其成败兴坏之理"，也就是考察推究历史发展变化的内在规律，并总结出来的意思。从《史记》中可以看出，司马迁达到了这一目的。《史记》以博大精深的内容和美丽流畅的文笔，被鲁迅先生评价为"史家之绝唱，无韵之离骚"。《史记》的确是我国史学、文学中难得的瑰宝。

《汉 书》

在"二十四史"中，能与《史记》并称的一部史书就是《汉书》。《汉书》又称《前汉书》，是后人为了与南朝宋范晔的《后汉书》相区别才这样叫的。它的作者是东汉的班固。班固，字孟坚，生于公元 32 年，卒于公元 92 年，今天陕西省咸阳市东北地方的人，是我国古代著名的史学家、文学家。班固出生在一个世代官宦的人家，而且世代都是读书人，家学渊源很深厚。他的父亲班彪，是当时的一个大儒，而且早就有心于修一部史书，也搜集了大量的资料。班固在这样的家庭中长大，很用功，也很聪明。据说他 9 岁时就能写文章，诵诗赋，长大以后，更是博览群书，打下了深厚的史学与文学的功底。

公元 54 年，班彪去世了。这时班固 23 岁，开始继承父亲的遗志，在家整理父亲留下的史稿。没想到有人却告发他私修国史，这在封建社会是不允许的，是犯法的，结果班固就被抓进了监狱。他的弟弟，就是后来投笔从戎的班超，上书皇帝，极力为兄长辩解，才把班固放出来。后来，当时的汉明帝就下诏让班固继续编完国史。这以后，班固经过近 30 年的努力，基本完成了《汉书》。公元 92 年，班固因受别人谋反牵连下狱，结果就死在了狱中。班固死后，他的妹妹班昭——我国历史上第一位有著作传世的女学者，和马续等人做了最后的补充工作。这样，《汉书》就最后写成了。

《汉书》是我国第一部纪传体的断代史著作。断代史是和通史相对的，它只记载一个朝代的历史。这种体例的优点，在于它只是写一个朝代，可以更集中、更及时地保存和整理一个朝代的更多内容。

《汉书》全书共 100 卷，80 万字，记载了自汉高祖元年（公元前 206 年）到王莽地皇四年（公元 23 年）共 229 年的历史。

《汉书》的史料，在汉武帝以前的部分，大多是选自《史记》，但并不是完全地摘抄，而是做了一定的更改和补充。汉武帝以后的部分，则是班固依照他父亲班彪的旧作，再收集了其他的材料而成，所以，就西汉历史的记载而言，它比《史记》是要丰富完整些的。

《汉书》的体例基本是沿承《史记》的，只是把"本纪"改为"纪"，"书"改为"志"，"列传"改称"传"，取消"世家"，并入"传"中。全书分十二纪、八表、十志、七十传。

十二纪，叙述了从汉高祖到汉平帝各帝的政绩，是编年体的大事记。八表是全书的联络和补充，前六表分别谱列王侯世系，后两表，《百官公卿表》记录秦汉官制沿革和汉代公卿大臣的升降；《古今人表》则是对西汉以前历史人物的评价。十志叙述从古代到西汉的政治制度和经济、文化史。这十志是最为后人所称道的，对后世的史学影响也最大。今天的各种专门史，如经济史、水利史、地理学史、政治制度史、军事史、法制史、思想史、文化史、科技史等，都可以追寻到这里。七十传主要都是西汉人物的传记。

《汉书》的文学成就也很突出。全书语言工整凝练，结构严密，作文讲究。比如对苏武的描写，生动逼真，描绘了苏武牧羊北海19年，坚毅不屈的刚正忠贞的形象，十分感人。

与《史记》相比，由于班固是奉诏编书，而且本人的儒家正统观念又十分浓厚，所以班固著书的目的是为适应当时统治阶级的政治需要，自然爱憎就不像司马迁那样鲜明，慷慨激昂的议论少。在文风与取材上，二者存在着明显的差异。

《礼 记》

《礼记》是中国古代一部重要的典章制度书籍。该书编订者是西汉礼学家戴德和他的侄子戴圣。戴德选编的 85 篇本叫《大戴礼记》，在后来的流传过程中若断若续，到唐代只剩下了 39 篇。戴圣选编的 49 篇本叫《小戴礼记》，即我们今天见到的《礼记》。这两部书各有侧重和取舍，各有特色。东汉末年，著名学者郑玄为《小戴礼记》做了出色的注解，后来这个本子便盛行不衰，并由解说经文的著作逐渐成为经典，到唐代被列为"九经"之一，到宋代被列入"十三经"之中，为士者必读之书。

《礼记》是战国至秦汉年间儒家学者解释说明经书《仪礼》的文章选集，是一部儒家思想的资料汇编，又叫《小戴礼记》，与《周礼》《仪礼》合称"三礼"。《礼记》的作者不止一人，写作时间也有先有后，其中多数篇章可能是孔子的 72 名高徒及其他学生们的作品，还兼收了先秦的其他典籍。

《礼记》的内容主要是记载和论述先秦的礼制、礼仪，解释仪礼，记录孔子和弟子等的问答，记述修身做人的准则。实际上，这部 9 万字左右的著作内容广博，门类杂多，涉及到政治、法律、道德、哲学、历史、祭祀、文艺、日常生活、历法、地理等诸多方面，包罗万象，集中体现了先秦儒家的政治、哲学和伦理思想，是研究先秦社会的重要资料。

《礼记》全书用记叙文形式写成，一些篇章具有相当的文学价值。有的用短小的生动故事表明某一道理，有的气势磅礴、结构严谨，有的言简意赅、意味隽永，有的擅长心理描写和刻画，书中还收有大量富有哲理的格言、警句，精辟而深刻。

《礼记》对中国文化产生过深远的影响，各个时代的人都从中寻找思想根源。因而，历代为《礼记》作注释的书很多，当代学者在这方面也有一些新的研究成果。

《礼记》不仅是一部描写规章制度的书，也是一部关于仁义道德的教科书。其中最著名的篇章有《大学》、《中庸》、《礼运》（首段）等。《礼运》首段是孔子与子游的对话，又称为《礼运·大同》篇，大同二字常用作理想境界的代名词，不少地名亦取用此二字。

《礼记》是秦汉之际和汉代初期儒家学者的著述；唐代"十二经"出现时，确立了作为儒家经典的学术地位。《礼记》49篇内容比较芜杂，刘向《别录》分为8类，近人梁启超细分为10类。但是，对"礼"的阐述无疑是共同的主题。围绕这个主题，《礼记》的题材或内容可分为三个方面：一是诠释《仪礼》和考证古礼，这些礼仪制度是此后儒家文化中的生活习俗的源头；二是孔门弟子的言行杂事，这在一定程度上反映了儒家的"礼"的生活实践；三是对"礼"的理论性论述。《礼记》中的这些内容，在社会的、人性的、超越的三个理论层面上，都显示出与原始儒学（孔子）及孟子、荀子儒学思想不同的变化、发展。《礼记》是时代与现实生活的风雨催生的学术之花，是儒家在"礼崩乐坏"时代反思重建政治秩序和价值观念的产物。它承载了原始儒家在中国文化"轴心时代"焕发出的学术激情和文化精神。

《礼记》以"仁"释礼，表述了新的学术思想和时代的先进文化；礼学蕴涵了儒家学者对时代忧患敏感而深切的体验，以及他们欲消除时代忧患的强烈责任意识。我们应该研究《礼记》学术思想的时代精神，从一个特定的学术视野观照儒家礼学之精义。

《古诗十九首》

《古诗十九首》，组诗名，是乐府古诗文化的显著标志。为南朝萧统从传世无名氏《古诗》中选录 19 首编入《昭明文选》而成。《古诗十九首》深刻地再现了文人在汉末社会思想大转变时期，追求的幻灭与沉沦，心灵的觉醒与痛苦。艺术上语言朴素自然，描写生动真切，具有浑然天成的艺术风格。同时，《古诗十九首》所抒发的，是人生最基本、最普遍的几种情感和思绪，令古往今来的读者常读常新。

《古诗十九首》最早见于《文选》，为南朝梁萧统从传世无名氏《古诗》中选录的，编者把这些作者已经无法考证的五言诗汇集起来，冠以此名，列在"杂诗"类之首，后世遂作为组诗看待。

《古诗十九首》习惯上以句首标题，依次为：《行行重行行》、《青青河畔草》、《青青陵上柏》、《今日良宴会》、《西北有高楼》、《涉江采芙蓉》、《明月皎夜光》、《冉冉孤生竹》、《庭中有奇树》、《迢迢牵牛星》、《回车驾言迈》、《东城高且长》、《驱车上东门》、《去者日以疏》、《生年不满百》、《凛凛岁云暮》、《孟冬寒气至》、《客从远方来》、《明月何皎皎》。

关于《古诗十九首》的作者和时代有多种说法，《昭明文选·杂诗·古诗一十九首》题下注曾释之甚明："并云古诗，盖不知作者"。曾有说法认为其中有枚乘、傅毅、曹植、王粲等人的创作，例如其中八首《玉台新咏》题为汉枚乘作，后人多疑其不确。今人综合考察《古诗十九首》所表现的情感倾向，所折射的社会生活情状，以及它纯熟的艺术技巧，一般认为它并不是一时一人之作，它所产生的年代应当在东汉顺帝末期到献帝之前，即公元 140 年～公元 190 年之间。

《古诗十九首》是乐府古诗文人化的显著标志。汉末文人对个体生存价值的关注，使他们与自己生活的社会环境、自然环境，建立起更为广泛而深刻的情感联系。过去与外在事物相关联的，诸如帝王、诸侯的宗庙祭祀、文治武功、畋猎游乐，乃至都城官室等，曾一度霸踞文学的题材领域，现在让位于与诗人的现实生活、精神生活息息相关的友谊爱情，乃至街衢田畴、物候节气，文学的题材、风格、技巧，因之发生巨大的变化。

《古诗十九首》在五言诗的发展上有重要地位，在中国诗史上也有相当重要的意义，它的题材内容和表现手法为后人师法，几至形成模式。它的艺术风格，也影响到后世诗歌的创作与批评。就古代诗歌发展的实际情况而言，刘勰的《文心雕龙》称它为"五言之冠冕"，钟嵘的《诗品》赞颂它"天衣无缝，一字千金""千古五言之祖"是并不过分的。诗史上认为《古诗十九首》为五言古诗之权舆的评论，例如明王世贞称"（十九首）谈理不如《三百篇》，而微词婉旨，碎足并驾，是千古五言之祖"；陆时庸则云"（十九首）谓之风余，谓之诗母"。

《古诗十九首》的作者从乐府民歌汲取养料，滋养自己的创作。他们有感而发，语言朴素自然，描写生动真切，绝无虚情与矫饰，更无着意的雕琢，因此具有浑然天成的艺术风格。刘勰《文心雕龙·明诗》中就这样概括《古诗十九首》的艺术特色："观其结体散文，直而不野，婉转附物，怊怅切情，实五言之冠冕也。"具体表现在以下四个方面：

1. 抒情诗的典范。长于抒情，却不直言，委曲婉转，意味无穷。从写景叙事发端，自然地转入抒情，水到渠成，而又抑扬有致。

2. 质朴自然。从情感说，《古诗十九首》感情纯真诚挚，没有矫揉造作；从艺术表现说，它的写境用语好像都是信手拈来，没有错采镂金式的加工，而是出水芙蓉般的自然诗境。

3. 情景交融，物我互化，浑然圆润的艺术境界。《古诗十九首》所描写的景物、情境与情思非常切合，往往通过或白描、或比兴、或象征等手法形成情景交融、浑然圆融的艺术境界。

4. 语言精练。《古诗十九首》语言浅近自然，却又极为精练准确。不做艰涩之语，不用冷僻之词，而是用最明白浅显的语言道出真情至理。传神达意，意味隽永，遣词用语非常浅近明白，"平平道出，且无用功字面，若秀才对朋友说家常话"，却涵咏不尽，意味无穷；《古诗十九首》的语言如山间甘泉，如千年陈酿，既清新又醇厚，既平淡又有韵味。

此外，《古诗十九首》还较多使用叠字，或描绘景物，或刻画形象，或叙述情境，无不生动传神，也增加了诗歌的节奏美和韵律美。

《九章算术》

《九章算术》是我国最古老的算学著作。它产生的年代已经难以具体确定，一般认为，它成书于公元 1 世纪下半叶，是经过先秦到秦汉时代的人们不断修改、补充才逐渐定型，并最后成书的。

顾名思义，《九章算术》分为九章，一共包括 246 个数学问题和解法，并按问题的性质分为方田、粟米、衰分、少广、商功、均输、盈不足、方程、勾股九章。方田是讲分数的四则运算方法和平面图形求面积的方法。粟米是讲比例问题，尤其是各种粮食间按比例交换的计算方法。衰分是讲按等级来分配的物资、摊派税收的比例分配问题。少广是讲已知面积和体积，去求边长的算法，也就是开平方和开立方的算法。商功是讲述工程中各种体积的计算方法。均输是讲按人口多少、路途远近、谷物贵贱来推算赋税和徭役的方法，其中涉及到正反比例，复连比例等各种复杂的比例分配问题，盈不足是讲盈亏的问题。涉及一些能够用这种解法处理的其他类型的算术问题。方程是讲联合一次方程组的解法和正负数的运算法则。勾股是讲勾股定理的应用和简单的测量问题的解法。

《九章算术》对我国传统数学有巨大的影响，一直影响着以后搞数学的人的实践。它从实际问题出发，提供数学解二元一次方程组的解法，被后世的数学家所沿袭。许多著名的学者都曾对本书进行过注释工作，并在此过程中不断引入新的数学概念和方法，从而推动了我国数学的不断前进。《九章算术》在世界数学史上也是有很重要的地位，它的许多内容在当时都居于世界领先地位，被译成多国文字。朝鲜和日本曾用它作为教科书来进行教学。

《九章算术》在世界数学史上也留下了光辉的一页。

《论 衡》

《论衡》是东汉时的一部著名的哲学著作。

作者王充，字仲任，东汉会稽上虞人，就是今天的浙江上虞县人。生于公元27年，约卒于公元97年。他出身于庶族地主家庭，家道渐衰，生活很贫困。王充自幼好学，据说他小时候家里贫困无书，就到洛阳的书市上，阅读所卖之书。后来曾当过县郡的小吏。晚年就住在家里，专门从事著述。《论衡》是他的主要著作。

《论衡》现存85篇，但其中有一篇只有题目，而没有文字内容，所以实际上是84篇，约有20多万字。

王充作《论衡》的目的，就是为了驳斥一切虚妄不实的言论。他认为对任何事物的判断都应该以验证为标准，只有经过验证，符合实际情况，才能承认它是正确的。所以，王充主张对一切迷信、权威、学说都要进行深入地验证，表现出了怀疑主义和理性批判的斗争精神。他的这种批判锋芒，是极其尖锐的，甚至将矛头直接指向了孔子、孟子这样的封建社会中的圣贤。在《问孔》《刺孟》等章中，他毫不留情地指出了这些圣贤自相矛盾的地方。

王充是一名战斗的无神论者，具有唯物主义的自然观。《论衡》中还反映了进步的历史观。王充认为，由于后代文化和前代文化总是有个继承关系，所以历史也一定是向前发展的，前代的周朝一定是比不上后代的汉朝的。

在文学上，《论衡》也有许多好的见解。

它强调文学的社会作用，认为所有的文学都要有益于教化，创作时要有真情实感，反对空言、妄作。

它重视作家自我个性的发扬，认为文章是作家本身感情和气质的流露，作家要勇于创新，反对模拟抄袭，反对拘泥于古代。

书中还强调了文章的内容和形式的统一。在强调内容的决定作用的同时，也不偏废形式的作用。

在文风上，《论衡》反对艰深晦涩，提倡文章要写得平实，语言要通俗易懂。他对当时文人为了显示、卖弄才学而刻意追求语言风格的古拙、艰涩，给予了批判。

《论衡》的影响是深远的，从文学理论上，它搭起了先秦和魏晋南北朝文学批评理论的桥梁。它在哲学思想上的地位就更加重要，一直受到人们的推崇。

《说文解字》

我们国家的汉字是以方块字而著称于世的，与其他国家的拼音文字相比，具有很大的独特性。有人说汉字难写、难认、难读。可是，今天的汉字有许多你即使不认识也能正确地读出来，还能推测出它是什么意思。这其中有什么规律性的东西吗？的确，汉字是有规律可循的。这方面的课题，在我国历史上第一部字典——《说文解字》中，有了很好的回答。

《说文解字》是我国东汉时期著名的古文经学大师许慎编写的。

许慎（约58年~147年），字叔重，是河南郾县人，他的学识非常渊博，尤其擅长于经学。他对五经的研究在当时公认是天下第一的，当时就被人称作"五经无双许叔重"。

在《说文解字》以前，已经存在着许多字书，著名的有秦朝的《仓颉》、《夏历》、《博学篇》，西汉的《凡将篇》、《训纂》、《谤喜》等。许慎在继承并总结了前人这些成果的基础上，才写出了《说文解字》。

《说文解字》全书共15卷，收篆字9353个，是当时收字最多的。许慎把这9000多个字分成540个部首，按系统进行排列，把全书连结成一个整体。在这方面是许慎的首创。尽管他所分的部首以及文字的排列体系存在着不少的缺陷和讹误，但这种以部首分类的原则在方法上却是非常科学的，这也是许慎的高明之处。此后，按部首分类则成了历代字书相承不变的编纂定式。

《说文解字》对文字的诠解是以字形构造为主，从音、形、义三个方面进行分析的。在字形上，引用了当时通行的简体字，对小篆进行了解说；在字音上，采用"诺若"，"读曰"等形式加以标注；在字义上，则引用了许多先秦的史料，收集了名家的学说，对每个字的本义都进行了解释。

《说文解字》中另一个十分有意义的地方，就是许慎在书中进一步阐发了"六书"说。所谓"六书"就是：指事，象形，形声，会意、转注、假借六种，实际上就是中国汉字构成和使用的六种方式，也就是中国文字繁衍、发展的内在规律。我们之所以对大多数字能够从其形旁而知其义，以其声旁而知其音，主要就是由于我们发现并掌握了这些规律。

《文心雕龙》

《文心雕龙》是我国古代著名的一部文学理论巨著。它的作者叫刘勰，字彦和，原籍今天的山东省莒县，他大约生于 465 年，卒于 532 年，南朝时期人，经历过宋、齐、梁三个朝代。

刘勰很小的时候，父亲就去世了，家里非常穷。但他很爱学习，尤其是特别愿意学习文学。长大以后，由于太穷了，刘勰也没有钱娶妻成家。于是，在 24 岁左右，刘勰就投奔了当时一个很有名的和尚，长期住在南京的定林佛寺，帮助和尚们整理佛经。

在刘勰 30 多岁时，他开始写《文心雕龙》这本书，用了三四年的功夫才写成。据说这本书刚问世的时候，并没有引起当时人们的重视，刘勰就背着这部书，在当时的一个叫沈约的大官，也是文坛领袖经过的路上拦住了他的车驾，在车前把《文心雕龙》呈给沈约，请他看一看。沈约看后，大为赞赏。这样，《文心雕龙》才被人们重视起来。

实际上，《文心雕龙》本身就是一部极有水平和价值的文学理论著作。它用精美的骈文，也就是讲究对仗和声律的一种文体形式写成，把历史、论说、品评融为一体，内容很丰富，体制很宏阔，结构也很严密，称得上是我国古代系统性最强的一部文学批评著作。全书 50 篇，共 38000 多字。每篇论述一种或一组文体，或剖析一个理论问题，不论从内容或形式方面看，都是完全可以独立成章的。同时，篇与篇之间，又有总体的配合性，彼此呼应，存在着紧密的有机联系。

刘勰把全书分成上、下两编，每编各 25 篇，在内容上分别有所侧重。上编以论述各种文体为主，把各种文章分为有韵之文和无韵之文两大类，也就是押韵的和不押韵的两类。重点论述了 30 多种文体，兼及其他许多种，总数达 170 种以上。刘勰以历史发展的观点，通过重点对作家、作品的评述，把从上古时代到六朝之间的文学史料，组织成一部比较完整，承前启后，有内在联系的各种文体的发展史。

在下编中，刘勰谈到了在创作过程中的各种问题。从创作原则到创作方法，涉及了许多重大的理论问题。比如关于艺术构思、内容与形式、文风与个性、修辞炼意、布局谋篇、继承创新等方面的问题。

我国古代的文学批评，萌芽于先秦时期，当时只是一些片言只语，到了两汉，有新的发展，但多数还是片段的。到魏晋时期，才有了进一步的发展和取得一些重大成就，出现了一些著名的作品。但这个时期的文学批评著作大多仍是单篇论文，而且论述比较零散，内容也不十分充实。直到刘勰的《文心雕龙》问世，才真正做到了体大思精、融汇百家，成为一部比较全面，而且有较大进步意义的文章批评著作，为我国古代文学理论批评做出了重大贡献。

《水经注》

在中华大地上，日夜奔流着千百条大大小小的江河，它们带着历史的风尘，一路飞奔入海，留下了许多许多的故事。《水经注》就是我国历史上记载这些河流的最著名的典籍。

顾名思义，《水经注》就是对《水经》的注释。《水经》是我国第一部记述河道水系的专门著作，共记载有137条水道。其成书年代和作者，在清以前多认为是汉朝的桑钦所著。但经过考证，清代的许多著名学者都认为应是三国时人所作。《水经》的内容非常简略，而北魏郦道元所作的《水经注》，在各方面的价值都超过了《水经》。

郦道元，字善长，河北涿县人，生活在5世纪后期到6世纪初期，是我国有名的地理学家。《水经注》中记载的水道，大至江河，小至溪流，共有1252条，是《水经》的8倍，文字更是《水经》的近20倍。可以说，《水经注》是一部创造性的著作。

为了注《水经》，郦道元大量采用了前代的文献资料。据统计，他所引用的前代著作多达数百种。书中还记录了不少汉魏间的碑刻。这些书籍和碑刻，绝大多数都在流传中散失了，但却在《水经注》中部分地被保存下来。同时，为了使注释更为翔实准确，郦道元还亲自到各地去探求采访，登临考察。比如他对黄河流经龙门的那一段生动的描写，就是记述他亲临其境的感受。他所记载的300多块碑石，也多是亲自探求所见。

在《水经注》中，郦道元详细地记述了各水道所经地区的地形地貌、城邑建筑、人物故事、历史古迹、地理沿革，以至神话传说。内容上虽然以地理为主，实际上却保存了许多古代的史实和传说，为我们今天研究南北朝时期的相关历史，提供了宝贵资料。

　　由于郦道元生在南北分裂的北朝，所以对南方的地理形势自然不容易全面掌握，因此关于南方水系的情况，谈得相对就少一些，而且有不当之处。但对我国北方的水系，书中记载得就很详细，如书中不仅记载了当时黄河的水道，还记载了黄河以前的故道，并且还记载了在水道源头存在着伏流，在科学上极有创见。对各条河流在水文变化上的记载，是《水经注》之前的著书中所未见的。

　　尽管《水经注》是一部集当时地理学大成的科学性著作，但读起来并不枯燥乏味，而是生动形象，极富文学色彩，在文学史上也有很高的地位。在描写山水景物时，郦道元的文笔绚烂，叙事写物，简明生动，对后世的散文、游记有很大的影响，被誉为北朝散文的精品。唐代大诗人李白那首广为流传的《早发白帝城》就是受《水经注·江水》篇的启发，写出来的。

《齐民要术》

几千年来，古老的中华民族一直是把农业作为立家、立国的基本保障。劳动人民祖祖辈辈都是将自己的一切牢固地系附在土地上。一代又一代地辛勤耕作，自然积累了许许多多的农业经验和技术。这些经验和技术如果都能被收集整理出来，那么对于国家和人民是一件十分有益的事情。然而，我们知道，中国儒家的第一个祖师孔子却是十分看不起体力劳动的，所以整个儒家思想在传统上是鄙视农业劳动的。自然，古代的士大夫们是不会有闲心去写有关农业的书籍，因此我国历史上专门记载农业技术的书籍就屈指可数了。在这些很少的农业书籍中，《齐民要术》是现存最古老的农书之一。

《齐民要术》的作者是北魏的贾思勰，我们仅知道他曾经当过北魏的高平太守，至于他的其他情况就不得而知了。

《齐民要术》现存 10 卷，共 92 篇，是总结我国 6 世纪，以及 6 世纪以前农业技术的一部农书。书中分别用专题论述了我国古代关于各种粮食作物、蔬菜、瓜果、林木以及一些经济作物的耕作栽培方法，涉及到诸如浸种、育种、施肥、轮栽、水利、病虫害防治等方面的具体措施。其中强调了要不违农时，按时令下种，以及因地制宜，加强管理的重要性，至今仍有很高的参考价值。

另外，书中还记载了我国古代在畜牧、酿造、烹调、煮胶、制笔墨等方面的技术。

需要指出的是，由于北魏的地理位置及环境的因素，所以贾思勰在书中所讲述的作物栽种方法，都只能是当时北部中国黄河中下游地区实际运用的。书中所记录的一些南部中国的区域性植物，就只能讲一讲产地、性状及作用，而很少谈如何栽培了。

《齐民要术》所记载的内容，反映了我国封建社会小农经济农业与手工业合一的家庭经济的实际情况，从而成为当时的农业技术百科全书。这些记载，传到今天是十分不容易的，所以它至今仍有其实用价值和极大的史料价值。

《诗　品》

历史的长河发展到魏晋南北朝时期，我国的文学领域进入了一个极为重要的历史阶段，开始了人的觉醒和文的觉醒时代。所谓人的觉醒，就是人们开始注重自我个体的存在意义和价值。而文的觉醒，就是在创作上开始有意识地运用并追求文学技巧等艺术手段。和这种情况相关联的就是在社会上开始盛行"品评"的风气，也就是对人物或作品进行评论、比较。《诗品》就是在这种风气下产生的一部文学评论著作。

《诗品》是我国现存最早的一部诗歌评论专著，由南朝梁代的钟嵘所作。钟嵘，字仲伟，河南长葛人，大约生于468年，卒于518年。

《诗品》原名叫《诗评》，一共3卷。它系统地评论了从汉魏到南朝齐梁间的122位故去的五言诗作者。钟嵘把这些诗人们分为上、中、下三品，每一品为一卷。其中上品12人，列在上卷；中品39人，列在中卷；下品72人，列在下卷。对比较重要的诗人，就专门评论他一个人，对次要一些的诗人，则往往两人或数人合在一起评论。

书中有一篇《总论》，比较全面地阐述了作者写作的宗旨，以及五言诗的发展源流和作者的品评原则，是全书的总纲。

《诗品》在评论每一个作家时，总是结合当时的社会生活和作家的个人遭遇，来评论他们诗歌的风格，强调了社会生活对作家、作品的影响。《诗品》还注意到了诗歌的沿革流变，对每一个作者，多先说明他的渊源起始，从整个诗歌发展的风格流变上来进行分析，十分重视诗歌创作的继承与发展关系。这一点是非常有意义的。

作者钟嵘在品评那些诗人时，是有自己鲜明的原则的。他认为既要做到有文采，又要朴实，才是好的诗人、好的诗作。对那些文采不高或过于华艳，缺乏真情的作品，评价都不很高。当然，《诗品》中对各种诗人的品评分等，是按当时的社会风气，以及作者自己的文学观点进行的。比如他把曹植评为上品，推为最高，把陶渊明评为中品，而把曹操列为下品。这样的品评分等是否准确，随着时代的发展和审美标准的变化，引起了后人的许多争议。这也是自然会发生的情况。

《诗品》也注意到了诗歌对读者的影响作用，认为诗歌能够陶冶人的性情，抒发人的情志，激荡人的心灵等等。

另外，要补充的是，后来在唐朝，有一个叫司空图的人，也写了一部诗歌评论著作，书名也叫《诗品》。为了把钟嵘的《诗品》和司空图的《诗品》区别开来，后人常把唐朝司空图的《诗品》称作《二十四诗品》，因为它主要叙述了24种诗歌风格。

《文　选》

在宋代，有一句俗语，叫"《文选》烂，秀才半"。意思是说，只要把《文选》读得烂熟，考秀才就有了一半的把握。唐代的大诗人杜甫在教育自己的儿子时，也要他"熟精《文选》理"。那么，《文选》是一部什么样的书呢？

《文选》是我国文学史上现存最早的一部诗文选集。它的编选者是南朝梁代的萧统。萧统生于 501 年，卒于 531 年，字德施，是梁武帝萧衍的长子。他幼时就被立为太子，然而由于梁武帝在位的时间较长，而萧统又在 31 岁便病死，所以没来得及即位。他死后谥号为昭明，后世称为昭明太子，所以《文选》又名《昭明文选》。萧统自幼爱好文学，经常与当时的一些才学之士在一起谈论文学。这些才学之士，许多也是《文选》的实际编选者。

《昭明文选》除少数无名作家外，共选有 130 个作家的作品，计 700 余篇，前代的许多优秀作家的作品基本上都选入了。时代上自先秦，下至梁代普通元年（520 年），跨越了七八百年的时间。萧统将这些入选的作品详细地分成了 38 类。今天概括一下，大体上可以分辞赋、诗歌、杂文三大类。

萧统在编《文选》时，已经开始注意到了文学作品与非文学作品的区别，所以他不选"经"、"史"、"子"中的文章，认为这些文章都没有文学的特点。由于萧统非常注重文章的形式美和词藻美，所以《文选》中词赋较多，入选文章大多是一些华美典雅的作品。

另外，萧统在选作家作品时，采取详近略远的原则，越到较近的时代，入选的作品就越多一些。

《文选》由于时代较早，所以保留了许多当时作家的作品，可以使后人对梁代以前文学的总体面貌有一个初步的了解。它搜集得比较广泛，数量又选得比较多，所以成为研究秦汉魏晋南北朝时期文学的重要参考资料。

《文选》问世后，对我国后代文学的发展影响很大，在过去文人眼中具有非同一般的文章教科书的价值。所以在隋代以后，就开始出现一种专门学问——《文选》学。

总之，《文选》作为现存的最早的一部文学作品选集，其影响是巨大的，至今在文学史上仍具有相当重要的地位。

《艺文类聚》

《艺文类聚》是我国现存的一部较早、较完备的大型类书。所谓类书，是我国古代文化宝库中一种颇具特色的工具书。它是一种博采群书，从各种不同的书籍中辑录出有关资料，再以类相收，按所收事物和文献的性质，分门别类地加以编排、汇录而成的古代百科全书式的资料汇编。

类书收录的材料都是非常丰富的。包括历史事实、名物制度、诗赋文章、成语典故、名词解释等各方面的内容。所以，类书的规模都是很宏大浩繁的。类书的分类方法一般有两种，一种是按类分编，这最为常见；一种是按汉字的笔顺分编的，这里又有按首字笔画顺序排列的，也有按尾字音韵顺序排列的。

由于类书是按类编排的，所以在查阅、检索时很方便，可以省去许多时间。又由于类书是把前人的著述摘编到一起而成书的，所以又为保存古代的文献起了特殊的作用。

我国最早的一部类书，据传是三国时期的《皇览》，但在唐末就散佚了，现已看不到全貌了。到了唐朝，政治经济文化空前繁荣，于是出现了不少类书，《艺文类聚》就是其中重要的一部。

唐朝初立后，高祖李渊就下令编修一部大型的类书。以欧阳询为主编的十余人参加了这项工作。欧阳询，生于557年，卒于641年，湖南人，是唐代著名的大书法家。他的史学知识也很广博。欧阳询等人经过共同的努力，终于编成此书。

《艺文类聚》全书共100卷，分46部，727个子目，约100万字。书中辑录了经史百家等书中的有关故事、解释、传说等资料，摘抄了有关诗文、赋颂、歌赞等多种文体，并逐一注明出处，条理清楚，便于检索。据统计，书中共引用唐以前的古文献1431种，而其中流传到现在的不足十分之一。所以本书保存了许多古代的文献，非常珍贵，对文学研究也很重要。

《李太白集》

我国古典诗歌在唐朝达到了顶峰，而在这顶峰上又有两个制高点——李白的诗歌与杜甫的诗歌。

李白，字太白，号青莲居士，生于701年，卒于762年，他祖籍陇西，就是今天甘肃的西部，后来他的先人流寓到西域，李白就生在当时唐朝安西部都护府所辖的碎叶，即今天巴尔喀什湖南部的一个地方。他幼年时随父亲寓居四川绵州青莲乡，即今天的四川江油县。

李白小的时候，据传说并不很用功，后来遇到一个老婆婆想把一根又粗又大的铁杵磨成一枚又细又小的绣花针，因而受到启迪，开始努力学习。这就是"只要功夫深，铁杵磨成针"的故事。当然，这个传说不一定可靠，李白在给别人的信中说自己从5岁时就开始读书，10岁时就已经读百家之书了。

李白在家乡时，除了读书，还学剑术，到处结交朋友，尤其喜好结交一些道士、隐者。所以，道家和道教的思想对李白一生的影响是最大的，这更加深了李白的浪漫情怀。

在20多岁时，李白离开了四川，开始了他仗剑而游的漫游生涯。他过江陵，入洞庭，登庐山，下金陵；东游吴越，北上燕赵。据李白后来回忆说：我那时骑着骏马，穿着锦衣，佩着宝剑，结交豪侠之士，内心没什么可忧虑的，只凭意气用事，想到哪去就到哪去。而且每到一处，必结交一些游侠，与他们在一起纵酒豪饮。李白的举止是极其豪放的，而且他对金钱一点也不放在心上，轻财仗义，挥金如土。据他自己讲，东游吴越不到一年，就花完了30多万钱，而李白的态度是"千金散后还复来"，毫不在意。

在这种任情快意的放浪生活中，在祖国壮丽山河的怀抱中，李白那种天生就有的豪放不羁的性格得到了空前的解放。于是，大量瑰丽的诗篇犹如波涛般奔涌而出，使得李白的名声大振。《蜀道难》这首传世的绝唱就是写于此时的。

李白的诗名越来越大，连皇帝也听说了，于是唐玄宗就把他召入了长安。在长安李白遇到了80高龄的太子宾客贺知章，就把自己的《蜀道难》送给他看。贺知章还没看完就已经惊叹、叫好数次了。最后，他对别人说：李白，这哪里是凡人呢！一定是天宫里被贬谪到人间的仙人。于是，李白"谪仙人"的称号立即传遍天下。

李白与贺知章等人结成朋友后，整日在长安的酒楼里痛饮高谈，被人们称为"酒中八仙"。杜甫的《八仙歌》曾描绘过李白的狂态："李白斗酒诗百篇，长安市上酒家眠。天子呼来不上船，自称臣是酒中仙。"这是一个多么豪荡纵恣、傲岸不群的形象！

然而，李白本人却没有过多地看重自己作诗的才能，他最为重要的是自己满腔的政治抱负。李白的政治抱负是极大的，也是极浪漫的。他认为"天生我才必有用"，而且有大用；自己具有宰辅之才，能当一名宰相，辅助帝王一统天下，使山河巩固，使天下太平。人民安居乐业之后，自己就辞官归隐，高卧深山，不再牵挂世事。所以，当唐玄宗下旨召他入长安时，李白的心情是极兴奋的，以为实现自己政治理想的机会来了。于是，他欣喜若狂，高歌"仰天大笑出门去，我辈岂是蓬蒿人"，一路神采飞扬地来到长安。可是到长安后，唐玄宗看重的却只是李白的诗才，只是让李白在翰林院里做个学士，当他与杨贵妃寻欢作乐时，就把李白召来，让李白写几首新词以助雅兴，如此而已。

李白的政治理想不能实现，他又过不惯宫廷生活，得罪了权贵。比如李白曾经让大太监高力士给他脱靴子，杨贵妃的哥哥杨国忠给他磨墨，自然遭到两人的怀恨，向唐玄宗进谗言。结果玄宗对李白也渐冷淡了，最后赏了李白一些金钱之后，就把李白打发出长安了。

李白再次开始了漫游生活，写了许多感慨世道艰险、壮志难酬的悲愤诗篇。诗中多表现出向往出家成仙的情绪。李白晚年遇上了安史之乱，他一颗热血沸腾的心又活跃了起来，为了平叛报国，他参加了永王李磷的讨叛大军。然而李磷平叛是假，借机与唐肃宗争夺帝位是真，结果被肃宗打败了。李白本意要出力平叛，不想自己反倒落了个叛军罪名，被判刑流放到夜郎，就是今天的云贵一带。走到中途，朝廷又下令将他赦免了。于是，李白依然是到处漂泊，最后老病而死。

李白一生纵酒高歌，遨游天下，情思豪壮，名垂宇内，然而却是壮志难酬。他所作的诗篇散失了许多，最后经过后人整理，编定成《李太白集》。除了少量的文赋碑铭外，只留下1000余首诗。为李白诗集作注的，以清人王琦注的《李太白集》影响最大。

李白的诗内容很丰富，既抒发了个人的抱负和苦闷，也赞美了祖国的山河，还涉及到生活的各个领域。同时，也充满了对自由的追求和对封建秩序的轻视。从特色上看，具有极强的浪漫主义色彩。他以高度的想象和大胆的夸张，奔放的热情和磅礴的气势，以及语言的工丽，被后人称为"诗仙"。

《杜少陵集》

杜甫是李白之外的唐朝另一位最伟大的诗人。他的诗被后人称作"诗史"，他本人则被尊为"诗圣"。

杜甫，字子美，712 年生于今天的河南省巩县的南瑶湾村，卒于 770 年。他出身于一个世代为官，具有儒家思想传统和文学传统的家庭。他的十三世祖杜预是西晋时的名将，并且精通《左传》。他的祖父杜审言是武则天时期的膳部员外郎，也是当时著名的诗人。他的父亲杜闲，做过兖州司马、奉天县令。在这样一个家庭中，杜甫从小就开始了读书的生涯。7 岁时就能作诗咏凤凰，9 岁时能写大字，到十四五岁时，已经开始进入文坛，并且受到老一辈的赞扬了。到 20 岁的时候，杜甫离开了书斋，开始了他的壮游时期，先后游历了吴越、齐、赵、梁、宋等地。用了 10 多年的时间，他开阔了眼界，增长了知识，而且还结识了李白、高适等著名诗人，并和李白结下了很深厚的友谊。闻一多先生曾把杜甫与李白的结识比作天上太阳和月亮的相遇。

35 岁后，杜甫结束了壮游，来到了长安，希望实现他宏大的政治理想。杜甫的政治抱负也是很大的。他想帮助皇帝，把天下治理得像尧舜时期那样太平、淳朴。然而，他并没有实现理想，反而四处碰壁，连生活都发生了困难，甚至不得不卖点草药来维持生活。挨饿受冻对他来说是经常事。衣衫褴褛，疾病纠缠，他过着十分凄苦的日子。他曾住在长安东南郊附近的少陵，所以常自称为"少陵野老"。后人也称他杜少陵，并把他的文集称作《杜少陵集》。

长安的困居生活整整持续了 10 年。杜甫已经 45 岁了，又赶上了安史之乱。杜甫眼看着山河破碎，人民遭受苦难，就决心奔赴国难，去投奔当时刚刚即位的肃宗李亨，打算为朝廷出力。在途中，他却被胡兵俘虏，押回了长安。一年以后，杜甫冒着生命危险，从一条小路逃出了长安，历尽艰险，回到了当时肃宗政府的所在地凤翔。在他朝拜肃宗时，杜甫是穿着麻鞋，衣袖露着两个胳膊肘。肃宗见杜甫如此忠诚，也深受感动，就让他做了一名左拾遗。这是一个可以向皇帝提出不同意见的谏官。然而耿直的杜甫好管闲事，常向肃宗提各种意见，惹得肃宗越来越生气，最后把他贬了。在贬官途中，杜甫将他一路所见的人民惨痛的生活情景写入诗篇，这就是著名的"三吏"、"三别"。

后来杜甫弃官不做，为解决家人生活，就带着家人到四川成都投奔他的老朋友剑南节度使严武。严武在成都西部浣花溪给他盖了一所草堂，暂且安身，这就是著名的杜甫草堂。严武又保荐杜甫做检核校工部员外郎，所以后人又称他为"杜工部"，他的文集也又称《杜工部集》。这时杜甫已经 50 多岁，离他去世只有六七年了。他刚刚安顿不久，严武就病死了。杜甫失去了靠山，只好再度漂泊。这时他的情况已很惨了，满身是病，衣食无着，最后病死在一条漂泊的破船上。更惨的是在杜甫死后，由于没有钱，无法把棺木运回老家安葬，就停放在一个小村子里。直到在他去世后的 43 年，才由他的孙子把他遗体送回老家安葬。漂泊了大半生的诗人，死后仍然不能魂归故乡，又漂泊了 43 年。

杜甫一生遭受了唐朝其他诗人所不曾受过的异乎寻常的苦难，所以，他的诗是贴近生活，贴近真实的。他用他的诗，记录了那个时代，所以被称为"诗史"。他的诗，有如一幅当时社会的历史图卷，既反映了"公私仓廪俱丰实"的开元盛世，也反映了"朱门酒肉臭，路有冻死骨"的尖锐的阶级对立，更反映了在巨大的历史变动中人民的苦难和自己沉重的忧思，及对统治阶级切齿的痛恨。他的作品，是无愧于"诗史"称号的。

如果从历史价值的角度看，把杜甫的作品看作"诗史"，那么，从杜甫的为人及其诗篇的思想内容和艺术成就看，全面地评价杜甫的就是"诗圣"这一称号。这一评价，在中国古代所有诗人中，几乎是至高无上的。的确，杜甫以他"读书破万卷"的功力，博采前人之长，加以创造发展，突破了前人的藩篱，达到新的顶峰。尤其到了晚年，在诗歌的格律技巧上，他更是达到炉火纯青、超凡入圣的地步，真正做到了"毫无遗憾"，尽善尽美。后人公论杜甫是我国所有诗人中唯一的"集大成者"，并不是言过其实，是恰如其分的。

　　杜甫一生勤于创作，写了大量的诗作，然而却没能全部保存下来。留传下来的1400余首诗作，仅占他全部创作的很少的一部分，由宋朝的王洙编成20卷的文集，就是现在传世的《杜少陵集》。《杜少陵集》传世之后，历代学者纷纷为之作注，素有"千家注"之称。其中影响较大的是清人钱谦益的《钱注杜诗》，清人杨伦的《杜诗镜诠》，清人浦起龙著的《读杜心解》，清人仇占鳌的《杜诗详注》。

《元和郡县志》

我们伟大的祖国幅员辽阔，地大物博。对于这点，我国古代的人们早有认识了。他们留下了许多记载中国大地山川风貌、乡土人情、建制兴衰及物产风俗的文献。这些文献有着各种各样的名目，其中最常用的名称，就是"志"。

"志"又称方志、一般分为地方志、专志和统括全国状况的总志。《元和郡县志》就是我国现存最早的，也较完整的一部全国性地理概况的总志。

本书全名《元和郡县图志》，是由唐宪宗元和年间的宰相李吉甫修纂的。本来包括"图"和"志"两部分，但是"图"在宋朝时就已失传了，所以就省称为《郡县志》。又因为是在唐宪宗元和年间问世的，于是又冠以"元和"的名字，就成了今天我们所称的《元和郡县志》。

《元和郡县志》原书 40 卷，有目录 2 卷，现实存 34 卷。

《元和郡县志》不但极大地丰富了原来地理志的内容，并且有自己的一些特色。比如它记载了当时各地在开元和元和两个时期的户口数。这就对后人了解当时户口的变动和社会状况提供了重要的参考资料。它还记载了各地的贡赋情况，使后人不但可以了解各地的物产，还能反映出一些地区经济发展的线索。对各地山川、地理及有关古迹、传说的记载，则不仅对地理学，而且对于历史的考订，也极具价值。比如书中记载了秦王子婴投降刘邦的地方和赤壁之战周瑜火烧曹军的地方。另外，书中还首次记载了每个州郡和邻近地区交通里数，反映了当时的交通情况。

由于本书具有如此多的价值，所以自从问世以来就受到人们的极大重视，被视作同类典籍中最杰出的一部名著。

《全唐诗》和《全唐文》

唐朝达到了我国封建社会鼎盛的巅峰。随着国力的强盛，文学也出现繁荣现象。从《诗经》、《离骚》开始的具有悠久传统的诗歌，经过长期的发展，到了唐代，达到了极盛时期。大批诗人、大批诗作滚滚涌出，整个诗坛就像银河一样，星光灿烂。其中像李白、杜甫等这样的大诗人，更是光芒万丈，震烁古今。后人面对唐人遗留下的诗歌，总是千方百计地多方搜求，爱不释手。各种选本纷纷出现，成为吟诵、普及唐诗的读本。

到了清朝康熙年间，康熙皇帝就想把整个唐代的全部诗歌汇编成一部总集，于是他就传下旨意，命当时的翰林院侍讲彭定术等人担任编校，开始汇总。在这以前，明代的学者胡震亨和清初的大藏书家季振宜，分别编有《唐音统签》和《唐诗》两部包含较广的唐诗总集。彭定术等人就在这两部书的基础上，加以充分利用，经过校订、补遗，编成了《全唐诗》，时间仅仅用了一年。

《全唐诗》将整个唐代的诗歌汇成一书，为研究者提供了极大的方便，为保存唐诗做出了巨大贡献。但其中有漏收、错收的地方，是需要注意的。

唐代的文章，也是十分丰富，不容忽视的。韩愈、柳宗元倡导的古文运动，影响直至清朝不绝。

《全唐诗》问世后，清朝皇帝还想编一部《全唐文》。于是，由董浩领衔主编，著名学者阮元、徐松等百余人参加，从清嘉庆十三年（1808）开始，到嘉庆十九年（1814），历时6年，编成《全唐文》。它的体例与《全唐诗》完全一样，共1000卷，汇辑唐、五代的文章18488篇，作者3042人。采纳极为浩博，令读唐代文章的人叹为观止。当然，由于包罗极广，成于众手，其中错误也在所难免，有漏收、误收、重复等缺点。

《宋代四大部书》

关于什么是类书，我们已经介绍过了。现在介绍一下宋代的四部著名的大型类书，它们是《太平御览》、《太平广记》、《文苑英华》、《册府元龟》，它们被称为宋代四大部书，也叫宋代四大类书。

《太平御览》是宋太宗下令由李昉主持，14 人共同撰修的。李昉，生于 925 年，卒于 996 年，官至中书侍郎平章事。他们经过 6 年多的艰苦劳动，在 983 年终于编成。起初名叫《太平总类》，后来宋太宗为了夸示自己的好学，下诏命令这些编者每天进呈三卷，供他阅览。由于这是皇帝看过的书，就改名为《太平御览》。

《太平御览》全书共 1 000 卷，分为 55 个部类。这是因为古代的人认为天地之数就有 55 个，所以书中分 55 个部类是为了表明这本书是包罗天地的。每一个部门又分为若干个子目，计有 4 558 个子目，约 500 万字。书中征引的材料十分广博，共引自 1 690 种典籍。这些引用材料都很完整，多数是整篇整段的，而这些引文的原书现在十之七八都已失传，所以《太平御览》就成了一部保存了大量古代文献的宝库。

《太平广记》是与《太平御览》同时开始编纂的，也是由李昉等人奉宋太宗的命令集体编纂的，但只用了半年左右的时间就完成了。由于也是成书于太平兴国年间，所以得名《太平广记》。

《太平广记》是一部专门收集自汉代到宋初的野史小说的大型类书。因此有人认为它只是一部小说总集，不是类书。但是，《太平广记》将所收载的笔记稗史都给予分门别类，又标出细目以供人查阅，具有工具书的性质与功用，所以还是可以称为类书的。《太平广记》全书 500 卷，按题材分为 92 个大类，又再分成 150 多个细目。书中既有许多荒诞的神怪内容，又有像《史记》、《汉书》这样的正史，内容十分庞杂。共引用书目达 475 种，其中大多现在已经散佚或残缺不全，所以本书为辑佚和校勘古书，提供了不可多得的资料与便利。而且，由于书中收藏了许多的古代小说和神话传说，就给后人研究古代小说史提供了极大的方便，也成了我们研究古代传说和神话所不可少的资料了。

《册府元龟》是宋真宗下令编修的，由王钦若（962—1025）、杨亿（974—1020）等奉旨编著。从 1005 年受诏开始编修，到 1013 年成书，前后用了 9 年时间。起初定名为《历代君臣事迹》，书成之后，由皇帝赐名为《册府元龟》。"册府"，指书库，"元龟"，即龟鉴之义。所以从书名就可得知，这部书是为统治者提供统治经验和教训的，具有资治戒鉴的意思。全书共 1 000 卷，分 31 部，1 104 门，约 940 万字。每一部都有总序，每一门又都有小序。总序概述名物制度，事迹沿革变迁，比较翔实。小序多为评议的语言，叙述一下大旨，言简意赅。它的史料收集极为宏大，自上古到五代，都有采编，全部十七史都在其内。由于本书的目的是为了向统治者提供戒鉴，所以取材只选正史。这对于校史、补史都很有价值。

《文苑英华》也是由李昉等人奉旨编撰的。全书 1 000 卷，上迄南朝梁代，下迄唐末五代，选录了其间历代作家 2 200 多人的近 20 000 篇作品。其中唐代作品约占十分之八九。这些作品按文体被分成 38 类，是继《文选》之后的一部诗文总集。它的体例沿袭《文选》，但更为繁多复杂。书中保存了大量的原始资料，有益于编校以前的文学作品。

宋代四大部书的规模是空前的，这主要是由于宋朝刚刚立朝之时，政治、经济相对稳定，为了笼络当时刚刚入宋的一些名流文士，朝廷才花大力气进行组织的。这在客观上却为后人留下了极为庞大、珍贵的史料宝库。

《资治通鉴》和《续资治通鉴》

我们已经知道，第一部编年体史书是《春秋》，第一部纪传体通史是《史记》，那么，第一部编年体通史是什么书呢？就是《资治通鉴》。

说起《资治通鉴》的作者司马光，大家都知道他小时候当机立断，砸破水缸，救出小伙伴的故事。那么，他的详细情况怎么样呢？司马光，字君实，生于1019年，卒于1086年。在宋仁宗的时候，他考中了进士，后来在以后的好几个皇帝手下当过大官，最大当过相当于宰相的官。和他同时的，还有一个大政治家和文学家，就是王安石。但是两个人的政治主张不一样，王安石主张变法，司马光反对变法。所以在王安石执政的时候，司马光就请求了一个闲职，然后回到洛阳住了15年，来编《资治通鉴》。这部书主要就是在那段时间里完成的。

司马光早年曾编过8卷的战国和秦的历史，取名《通志》，并上给当时的皇帝宋英宗看。英宗大为赞赏，于是命他继续编下去，并且给他提供了许多方便条件。比如让司马光自己找了许多当时的史学专家当帮手，设立专门的史局，可以让他们借阅宫廷的藏书，还由中央政府供给他们笔墨纸张等。这样，前后共历时19年，终于将《资治通鉴》编成了。

司马光编著此书的主要目的，就是通过记载历代兴亡治乱的史实，让皇帝阅读，以便从中总结经验，牢记教训，使皇帝知道一些善恶是非的区别，来以史为鉴。所以，书成之后，正赶上宋神宗即位，就由皇帝赐名为《资治通鉴》。资，是帮助的意思；治，就是治理国家；通，是指通史；鉴，本来指镜子，引申为借鉴之意。所以，四个字合起来就是指通览历史，为治理天下的人所借鉴的意思。

《资治通鉴》记载的历史，上起公元前 403 年，下到公元 959 年，共计 1 362 年的时间。全书共 354 卷，参考的史料达数百种，总计 300 多万字，是一部规模宏大的著作。

在内容上，《资治通鉴》专门详细记载了历代的兴衰治乱，着重叙述各历史时期重大政治事件的发生和发展，突出记载了历代战争的谋略及经过，和一些重要历史人物的言行、事迹。书中还适当地反映了有关国计民生的政治、经济制度和文化状况，以及礼乐兵刑、民族关系、社会风俗等等，是一部以政治为中心，比较全面地反映历史的编年通史。

《资治通鉴》一问世，就获得了极高的声誉，被认为是帝王、学者、史家所不可不读的书。但是它的记事到五代末年就中止了，宋以后的史实，还有待于后人的续编。

后人也真的做了这件工作。最早是南宋的李焘，用 40 年的功夫，作了一部《续资治通鉴长编》，记载了北宋 9 个皇帝，共 168 年的历史，保存了大量的史料。清初，有人编了《资治通鉴后编》。到了乾隆年间，设立了四库全书馆，一些失传的书，也渐渐从《永乐大典》中整理出来。于是，毕沅就在这种条件下，在前人的基础上，主持编成了《续资治通鉴》。

《续资治通鉴》的编写，历时 20 年，四易其稿，最后成书 220 卷，时间下限到元末为止。它的取材较为完备，广泛利用了宋、辽、金、元四朝和前人的著作共百余种。

总之，自《资治通鉴》问世后，其影响极其深远。为它续、补的作品大量出现，甚至研究《资治通鉴》这一本书，已成为一门专门的学问。

《梦溪笔谈》

提起石油，人人都熟悉，但"石油"这个名称最早出现在哪里呢？还有举世皆知的我国古代四大发明之一的活字印刷，最早是记载在哪里的呢？它们最早都记载在《梦溪笔谈》里。

《梦溪笔谈》是我国北宋时期一部著名的综合性的随笔杂记。作者沈括，字存中，钱塘人，生于宋仁宗天圣九年（1031），卒于哲宗绍圣二年（1095），时年65岁。沈括进士出身，是我国古代杰出的科学家和著作家；据史传记载，他博学善文，在天文、方志、律历、音乐、医药、卜算方面都很精通。他做过官，后来因一次兵败受牵连被免职，于是就在现在的江苏镇江修筑了一座梦溪园。本书就是沈括晚年在此园中撰写的，故得名《梦溪笔谈》。

这本书的内容极其丰富，现存26卷，还有《补笔谈》3卷，《续笔谈》1卷，共分17个目，600余条。书中保存了许多极有价值的科学技术方面的史料。比如前面提到的毕昇发明的活字印刷术是首先引起沈括的重视并记录下来的。还有记载

了当时的延鄜境内产石油，并说用石油烟做的墨黑光如漆，质量非常好，是松墨所比不了的。

沈括还注意到了许多一般人都不注意的现象，并在书中给予了科学的解释。比如他曾在太行山的山崖间常常看到许多贝壳和鹅卵石，于是便说明此地以前一定是海滨，正确地提出了古地质学和古生物学方面的见解。

据著名的研究中国科技史的专家、英国教授李约瑟分析指出，《梦溪笔谈》一书涉及到人事资料、自然科学、人文科学的25个门类，因此他称誉此书是"中国科学史上的坐标"。

《乐府诗集》

《乐府诗集》是宋朝人郭茂倩编的一部从先秦到唐末的乐府歌辞总集。关于郭茂倩，其生平事迹不详。

所谓"乐府"，原先是指汉朝设立的收集整理民间歌谣，管理音乐的一个专门机构，后来演变为用来称呼由乐府所采集、创作的乐歌，以及仿效乐府的诗歌作品。

《乐府诗集》所收的诗歌，既有乐府机构所采集的乐歌，也有文人仿作的歌词。全书共100卷，按乐府诗的来源和用途不同，分为12类：

1.《郊庙歌辞》是历代朝廷举行祭祀时用的歌辞。其中郊乐是用于祭祀天地的，庙乐是用于祭祀祖先宗庙的。

2.《燕射歌辞》是举办宴会、典礼时用的歌辞。

3.《鼓吹曲辞》是一种军乐歌辞，多用于行军、游行、田猎等场合，多由箫笳铙鼓等器乐合奏。

4.《横吹曲辞》，这也是一种军乐歌辞。它来自于北方，用鼓角在马上吹奏。

5.《相和歌辞》，原是汉代的民间歌谣，后来被乐府采集，在汉乐府中，这部分民歌最有价值。

6.《清商曲辞》，是东晋南朝时期流行的入乐歌辞，其中有许多民间歌辞。

7.《舞曲歌辞》是配合舞蹈用的歌辞。

8.《琴曲歌辞》是配合琴曲的歌辞。

9.《杂曲歌辞》是在上述辞曲之外，或没被乐府采集，或不详其声调，不能明确其归属的。其中有不少民歌是当时文人的作品。

10.《近代曲辞》是隋唐时代的杂曲歌辞。

11.《杂歌谣辞》是历代的歌谣、谚语等。

12.《新乐府辞》是唐代诗人的新题乐府诗。

这12类，明了概括，而不疏简繁琐，比较清晰地反映出乐府诗的全部面貌。郭茂倩对每一类都做了解题，对其起源和发展流变均有阐述。

封建政府采集乐府诗歌，是为了粉饰太平，歌功颂德和满足娱乐。其中有许多民间歌谣，它们的形式活泼，内容新鲜，音调优美和谐，反映现实广阔，生活气息浓郁，而具有强烈的现实主义精神。《乐府诗集》保存了这方面的大量资料，对于研究我国诗歌的发展，研究民歌对我国诗歌的影响和作用，都有极为重要的意义。

《千家诗》

《千家诗》是旧时代广泛流传的启蒙读物。其中所选的都是律诗和绝句。内容通俗易懂，且短小精悍，语言流畅，便于背诵。因此长期以来拥有不少的读者，尤其适合青少年学习近体诗。

《千家诗》有好几种体裁和版本。最早是南宋刘克庄编选的集子，总名为《分门纂类唐宋时贤千家诗选》。刘克庄号"后村居士"，所以这本诗选又称《后村千家诗》。后来，人们在此基础上，又重新整理，最流行的就是题名为宋人谢枋得选，清人王相注的《千家诗》。全集号称"千家"，实际上只选了128位诗人的224首诗。

《千家诗》所选篇目适中，便于翻阅，携带和背诵都很方便，对初学者入门是大有助益的。这200多首律诗和绝句，大部分语言流畅，词句明了，易读易记，许多诗都是名人名作。如李白的"床前明月光"，王之涣的"白日依山尽"，孟浩然的"波撼岳阳城"，杜甫的"两个黄鹂鸣翠柳"，韩愈的"天街小雨润如酥"，杜牧的"清明时节雨纷纷"，叶绍翁的"一枝红杏出墙来"，王维的"漠漠水田飞白鹭"，苏轼的"浓妆淡抹总相宜"，朱熹的"万紫千红总是春"等，都是千百年来人们传诵不衰的诗句。

这些诗篇在取材上十分广泛，入选的128位作者，上至帝王将相，名人学士，下至牧童、僧人、妇女、无名氏，这主要是由于唐宋时期，随着近体诗的广泛流行，社会上三教九流都喜欢吟诗，所以才有各方面人的各方面的诗。

由于这本书主要是少年儿童学习时作为启蒙读物的，所以在目录的编排上很有特点，按春、夏、秋、冬四季节令编排，既给人一种季节感、色彩感和情景感，也给人以清晰感，便于翻阅。

此外，这本书中还有一些应制诗与酬和诗。这些诗在今天看来没什么意义，但在当时对训练儿童少年是有实用意义的。

政书"三通"

政书，指的是记载历代典章制度的专书。这一名称是由清代《四库全书总目》的采用而流行的，也叫"典制体"。

现在流传的政书，有十部最为著名，被称为"十通"，分别是：《通典》、《通志》、《文献通考》、《续通典》、《续通志》、《续文献通考》、《清通典》、《清通志》、《清文献通考》、《清续文献通考》。其中的前三部，《通典》、《通志》、《文献通考》，被称为"三通"。

司马迁的《史记》里面有八篇"书"，是用来记载天文、地理和文物制度的。后来许多的断代史书都沿袭这一体制，设"志"来记各代的典章制度，这是一件很有意义的工作。典章制度是历史内容中重要的一部分，作为历史书，当然应该加以记载。但是，历代的典章制度的演变有极大的继承性，断代史的写法，势必造成一些含混和重复，很难给人以清晰而系统的说明。这就需要出现一种能把历代的制度沿革，当作一个完整的历史发展体系，而加以考查和总结的专著。于是，伴随着大唐封建帝国的繁荣，我国现存的第一部典制体著作——《通典》问世了。

《通典》的作者杜佑，生于735年，卒于812年，曾任唐德宗、顺宗、宪宗三朝宰相，是当时重要的政治家和著名的史学家。杜佑为了从历史中求取借鉴，就博采众家文献，从766年开始，一直到801年，前后费时35年，终于编纂成200卷的《通典》。《通典》中所记载的历代典章制度，上起传说中的黄帝，下迄唐代肃宗、代宗。全书分食货、选举、职官、礼、乐、兵刑、州郡、边防八个门类，每门之下又分若干子目。其中对唐代的叙述最为详尽。

《通典》综合了历代史志中有关典章制度的资料，分门别类，内容详实，既补充了历代史志中不曾写的材料，又上下贯穿，源流分明，为史书的编纂开辟了新的途径，是一部具有创造性的著作。

到了宋代，又出现一部《通志》。作者郑樵，生于 1103 年，卒于 1161 年。他非常喜欢读书，从 16 岁开始就闭门攻读，住在福建莆田西北的夹漈山中，谢绝其他的事情，一心想要读尽古书，通达百家，实现自己写出一部"集天下之书为一书"的巨著的心愿。经过 30 年不懈的努力，郑樵终于写出了规模巨大的《通志》。

《通志》原名《通史》，共 200 卷。记事上起传说中的三皇，下到隋唐，是一部综合历代史料而成的通史。它分纪、传、谱、略、载记五个部分。这实际还是继承了《史记》的体例，不过是把"表"改为"谱"，把"书"改为"略"。

《通志》中最有价值，也是郑樵花费精力最多的部分就是 52 卷的二十略。郑樵把自己对经学、礼乐、天文、地理、文学、虫鱼草木等各方面的研究，都汇集到里面了。其中有许多研究成果都是他通过亲身的实践获得的，因而也纠正了过去典籍中的错误。这些研究吸取了广大劳动人民的智慧，扩大了史学研究的范围，提供了非常丰富而有价值的史料，是十分可贵的。

时至宋末元初，又出现了一部规模更大，水平更高的《文献通考》，作者马端临，生平事迹不详，仅知他是宋末的宰相马廷鸾的二儿子，大约生于 1254 年，卒于 1323 年。他在 30 岁左右开始编写《文献通考》，经过 20 多年的努力才编成。

《文献通考》仿效《通典》的体例，对原有的门类，或者加以继续，或者加以补充，共计 348 卷，分 24 个门类。它所涵盖的历史，从上古到宋宁宗嘉定末年。

《文献通考》的资料，唐以前的多取自《通典》和各种正史、会要、传记等，宋代的资料则取自宋的国史、会要，及当时各界学士名流的议论。由于马端临是宋的遗民，所以对宋代制度的研究用力最深。书中所记载的宋朝的典章制度也是最详细的，其中有许多是《宋史》所没有记载的。这样，《文献通考》中有关宋代典制的记录，就成为今天存留下来的，宋代史料中最真实可靠的部分。"三通"之中，也以它为最佳。

《西厢记》

张生和崔莺莺的爱情故事，从唐传奇《莺莺传》开始，就一直在民间广泛流传。在王实甫的《西厢记》问世之前，描写这两个人爱情故事最完美的作品是宋金时期董解元的《西厢记诸宫调》。到了元朝，王实甫在前人的基础上，经过精心创作，终于写出了古典戏剧名著——《西厢记》，对张生与崔莺莺的爱情故事流传后世，产生了巨大影响。

关于王实甫的生平，没有什么资料，只知道他名叫德信，是大都人，也就是北京人。

《西厢记》通过崔莺莺与张生这对有情人终成眷属的故事，歌颂了青年男女对爱情幸福的追求，揭露了封建礼教对青年自由幸福的摧残。

崔莺莺出身名门，是相国的女儿。她既美丽又聪明，但却被深深地闭锁在寂寞的闺中。而且由于"父母之命，媒妁之言"，终身早就许给了花花公子郑恒，因此内心极度苦闷。当她遇到青年书生张珙时，两人一见钟情。然而老夫人却嫌弃张生穷困，百般进行阻挠。当张生费尽心力，解救了困境中的老夫人与莺莺后，老夫人又把先前在危急中许下的两人婚姻赖掉了。但是这并不能动摇张生与崔莺莺的爱情，两人在丫环红娘的帮助下，终于走到了一起。最后，以张生一举及第，回来与崔莺莺团圆而告终。

剧中的老夫人，表面上是爱自己女儿的一个慈母，但实际上却并不关心女儿的真正幸福。她所唯一关心的就是"相国家谱"。所以她发现莺莺自寻幸福后，就一定要拆散这一对有情人。她是一个以"慈母"面目出现的封建家长的典型，从她身上可以看出封建礼教的残酷本质。

《西厢记》共5本21折，是我国较早的一部以多本杂剧连演一个故事的剧本，具有较高的思想性，在艺术上也取得了卓越的成就，使之成为我国古典戏剧的现实主义杰作。

剧中围绕人物的性格特征来展开错综复杂的戏剧冲突，也塑造了栩栩如生、鲜明生动的典型形象。而且故事情节一波三折，结构完整，语言优美精练，自然活泼，获得了观众、读者的长期喜爱，尤其是深受在封建礼教束缚下的青年男女的喜爱，并极大地鼓舞了他们为自己的幸福、自由而努力追求的勇气。

《元曲选》

随着时代的发展，文学形式也在发展，各个时代都有各自时代的代表形式。比如汉朝文学的代表是赋，唐朝文学的代表是诗，宋朝文学的代表是词。元曲，则是元代文学的代表形式。

元曲，是在宋、金时代的音乐、词曲和各种民间曲艺的基础上，形成的一种韵文文学。它包括元杂剧和元散曲，这里所说的《元曲选》，是一部元杂剧的选集。

《元曲选》共 10 集，每集 10 卷，每卷收一种元杂剧，一共有 100种，所以又名《元人百种曲》。它是由明朝的臧懋循编辑的。臧懋循的生年不详，卒于公元 1621 年，明朝万历八年（1580）中进士，曾任南京国子监博士，与著名的剧作家汤显祖是朋友。

《元曲选》是臧懋循从山东、湖北、福建等地收集到的资料，以及家藏的杂剧中选出的。他在选编时标准很严，要求入选的作品一定要表现出元曲的妙处，所以在这 100 种杂剧中，有不少杰出的作品。比如著名的《窦娥冤》《望江亭》《墙头马上》《柳毅传书》《赵氏孤儿》《李逵负荆》《灰阑记》等。

现存的元杂剧约有一百五六十种，大多依赖《元曲选》才得以流传。臧懋循对所收的杂剧还进行了一些修订工作，使之文字比较齐整，科目齐全。这样做，虽然使这些元杂剧显得文从字顺，但却改变了原来的一些面目。

《三国演义》

《三国演义》是我国第一部古典长篇章回小说，也是我国长篇历史小说中成就最高的一部作品。

关于魏、蜀、吴三国鼎立的故事，在晚唐时就已经在民间流传了。到宋代，艺人们的表演说唱就更流行了。金元时代，许多三国故事被改编成剧目而登上了舞台。元代有一种三卷的《三国志平话》，已初具规模。后来，在元末明初时，罗贯中在这些民间传说及话本、戏剧的基础上，写成了《三国志通俗演义》，即《三国演义》。

关于罗贯中的生平材料现在存留的很少，只知道他是太原人，号湖海散人。

《三国演义》全书共 120 回，描写了从东汉末年黄巾军大起义到西晋统一这段近百年间的历史故事。它集中描写了三国时代各统治集团之间的军事、政治、外交上的种种斗争，揭示出当时社会的黑暗和腐朽，反映了人民在动乱时代的灾难和痛苦，表现了反对战争分裂，要求和平统一的愿望。

《三国演义》在内容倾向上，是拥护刘备，反对曹操的。把刘备写成一个宽厚仁爱的好皇帝，而把曹操写成一个奸险狡诈的奸雄。书中还极力宣扬了刘备、关羽、张飞 3 个人的义气。小说第一回就写了著名的桃园三结义的故事，尤其是把关羽更是写成了千古义气的化身。如写关羽无论在什么情况下，也不违背盟誓，通过"挂印封金"，"千里走单骑"，"过五关斩六将"，以及后来的"华容道义释曹操"等一系列故事，突出了关羽富贵不能淫，威武不能屈的忠义之气。其实并非如此，只不过是作者偏心罢了。

《三国演义》的艺术结构宏伟壮阔而又严密精巧，抓住魏、蜀、吴三国矛盾斗争的主线，很有次序地展开故事情节，构成一个基本完美的艺术整体。

　　作者非常善于描写错综复杂的故事。如三顾茅庐、赤壁大战、张飞怒鞭督邮、关羽温酒斩华雄、赵云长坂坡救阿斗、诸葛亮舌战群儒、七擒孟获、六出祁山等等，众多脍炙人口的故事塑造了一系列鲜明生动的人物形象。曹操、刘备、孙权、诸葛亮、关羽、张飞、周瑜、司马懿等等各有特点，栩栩如生。这些形象永远留在了读者心中。

　　《三国演义》的影响是巨大的，它标志着我国古代历史小说的辉煌成就。

《水浒传》

《水浒传》是在元末明初，大致与《三国演义》同时问世的另一部长篇章回小说，也是我国小说史上第一部反映农民起义的长篇小说。

北宋末年，宋江等 36 人在梁山水泊率众起义，与朝廷为敌，当时的官兵都被他们打得大败。这一历史事件，后来就开始在民间以故事的形式广泛流传。施耐庵就在宋元以来广泛流传的民间故事、话本、戏曲的基础上，进行了综合性的再创作，写成了这部《水浒传》。

关于施耐庵，没有可靠的历史记载，因而也有人认为《水浒传》是他与罗贯中合著的。《水浒传》的版本很复杂，有 100 回的，有 120 回的，还有 70 回、71 回的。一般认为 100 回本是最早的版本。

小说着重揭露了封建统治者的罪恶，指出了官逼民反这一农民起义的社会根源。北宋末年，太尉高俅、宰相蔡京等奸臣及爪牙任意横行，无恶不作。广大人民生活在水深火热之中，无路可走，因此只好揭竿而起，走上反抗的道路。即使像柴进、卢俊义、林冲等这些原本是统治阶级内部的成员，也因种种迫害而被逼上梁山。

小说成功地塑造了许多英雄好汉的光辉形象，并且善于安排引人入胜的故事情节。比如对武松的塑造：武松是个充满了传奇色彩的英雄，他武艺高强，秉性刚烈，对恶势力坚决反抗。而围绕武松的又是一系列生动、精彩的故事。只要提起武松，我们就会想到他"景阳冈打虎"，"斗杀西门庆"，"醉打蒋门神"，"大闹飞云浦"，"血溅鸳鸯楼"

这些刀光血影、震撼人心的故事。所以，武松这一形象，是有血有肉活生生的。

小说还细致而生动地描写了农民起义如何由零散复仇到发展壮大，到悲剧结局的过程，揭示出起义失败的内在原因。从智取生辰纲开始，到108条好汉聚会忠义堂排座次，树起"替天行道"的大旗，连续取得了三打祝家庄，踏平曾头市，两赢童贯，三败高俅等一连串的辉煌胜利，到最后被招安的悲剧结局。而这一结局，是和宋江只反贪官，不反皇帝的忠君思想有直接关系的。一部《忠义水浒传》，宣扬的就是忠义思想。而所谓的"忠"，就是忠于大宋皇帝，结果葬送了义军。

《水浒传》全书结构完整而富于变化，人物鲜明，情节生动、曲折，语言明快、洗练，在艺术上取得了很大的成就。

自《水浒传》问世以来，一直深受人民的喜爱，以至家喻户晓，广泛流传，对后世的影响是巨大的、多方面的。它描写了农民英雄不屈的反抗精神和劫富济贫的豪侠品质。这些理想人物身上的闪光点，一直照耀着伟大的中华民族，使之不断涌现出前赴后继的优秀分子，一次次推动着历史的前进。

《搜神记》

《搜神记》是一部记录古代民间传说中神奇怪异故事的小说集，作者是东晋的史学家干宝。其中的大部分故事在一定程度上反映了古代人民的思想感情。它是集我国古代神话传说之大成的著作，搜集了古代的神异故事共410多篇，开创了我国古代神话小说的先河。

《搜神记》为东晋初年史学家干宝编撰，全书20卷，共有大小故事454个。作者在《自序》中称，"及其著述，亦足以发明神道之不诬也"，就是想通过搜集前人著述及传说故事，证明鬼神确实存在。故《搜神记》所叙多为神灵怪异之事，也有不少民间传说和神话故事，主角有鬼，也有妖怪和神仙，杂糅佛道。文章设想奇幻，极富浪漫主义色彩。"鬼神信仰"在中国有悠久的传统，它与山川祭祀、祖先祭祀并列。自商周以来，历代帝王无不亲登祭坛祭祀，而记载神鬼传说的典籍，除《楚辞》《淮南子》外，《搜神记》称得上其中的集大成者。从这个意义上来说，本书为我们保留了不少珍贵的资料，是后人研究中国古代民间传说及神话不可多得的收藏珍本。

《搜神记》原本已散，今本系后人缀辑增益而成。其中《干将莫邪》《李寄》《韩凭夫妇》《吴王小女》《董永》等，暴露统治阶级的残酷，歌颂反抗者的斗争，常为后人称引。

故事大多篇幅短小，情节简单，设想奇幻，极富于浪漫主义色彩。后有托名陶潜的《搜神后记》10卷和宋代章炳文的《搜神秘览》上下卷，都是《搜神记》的仿制品。《搜神记》对后世影响深远，如唐代传奇故事，蒲松龄的《聊斋志异》，神话戏《天仙配》及后世的许多小说、戏曲，都和它有着密切的联系。

《搜神记》内容十分丰富，有神仙术士的变幻，有精灵物怪的神异，有佛道信仰的因果报应，还有人神、人鬼的交通恋爱等等。其中保留了相当一部分西汉传下来的历史神话传说和魏晋时期的民间故事，优美动人，深受人们喜爱。神话，如卷十四的"盘瓠神话"，是关于古时蛮族始祖起源的猜测；"蚕马神话"是有关蚕丝生产的神话。历史传说，如卷十一"干将莫邪"讲述的复仇故事；卷十六"紫玉传说"，讲吴王小女的生死爱情。民间故事，如卷十一"东海孝妇"，讲孝妇周青蒙冤的故事；韩凭夫妇的传说则歌颂了忠贞不渝的爱情；卷一仙女下嫁董永的故事也是如此。这些故事是《搜神记》的精华所在，历代长传而不衰。

志怪小说的最高成就，应该体现在《搜神记》上。它与地理博物作品不同，以辑录鬼怪神仙故事为主，也包括一些琐闻杂记，是直承《穆天子传》及《山海经》影响而出现的。它的作者是东晋初年著名史学家干宝。干宝，字令升，新蔡（今河南）人。出身世家，少即勤学，博览群书。据《晋书》本传载，他作《搜神记》是有感于父亲之婢和兄长死而复生的神异经历，遂集古今神祇灵异人物变化而成的。一方面"考先志于载籍"，另一方面"收遗逸于当时"，涉猎颇广，历数十年而成。原书为30卷，唐宋时犹存，大概在宋元之际佚失。今本为20卷，是明代学者胡应麟从《法苑珠林》、《太平广记》、《太平御览》等书中辑出的。

《搜神记》不但内容丰富，而且语言也雅致清峻、曲尽幽情，确是"直而能婉"的典范。其艺术成就在两晋志怪中独占鳌头，对后世影响极大。它不但成为了后世志怪小说的模本，又是后人取材之渊薮，传奇、话本、戏曲、通俗小说每每从中选材；至于其中故事被用为典故者，更是不可胜计。

　　《搜神记》的续作、仿作很多，最著名的当推署名陶潜的《搜神后记》，十卷。这部书是否真为著名的大诗人陶渊明所作，尚难以确定。该书除少数故事与《搜神记》、《灵鬼志》等书相重外，绝大部分采自当时的民间传闻。书中多爱讲神仙故事，其中不乏佳篇，如卷五的海螺女故事和"阿香推雷车"故事等，都十分优美，历代传诵，广为引用。但也得承认，在艺术方面，尚处于小说发展的初期阶段，一般是粗陈故事的梗概。

《全宋词》

《全宋词》是中国近百年来最重要的古籍整理成果之一。宋词和唐诗均为中国古典诗的艺术高峰。清代所编《全唐诗》是家喻户晓的，现又新编出《全宋词》，堪称中国文学的双璧。全书共四册，荟萃宋代 300 年间的词作。

明末毛晋汲古阁刊《宋名家词》6 集 61 家，为宋以后大规模刊刻词集之始，其书流传最广。

其后，清代侯文灿刻有《十名家词集》，秦恩复刻有《词学丛书》。

晚清刊刻词集之风更盛，规模也更大。但诸家所刻，於孤篇断句概置不录，不足以探求一代词作的全貌。

唐圭璋在综合诸家辑刻的基础上，广泛搜采，凡宋人文集中所附、宋人词选中所选、宋人笔记中所载词作，俱一并采录。更旁求类书、方志、金石、题跋、花木谱等诸书中所载之词，统汇于一处，编为《全宋词》，1940 年由商务印书馆在长沙出版线装本。中华人民共和国成立后，编者对此书进行重编，并经王仲闻订补加工，1965 年由中华书局重印出版。新版《全宋词》在材料和体例方面较旧版均有很大提高。全书共计辑两宋词人 1330 余家，词作约 2 万首。编者又续作修订补正，写成《订补续记》，附于 1979 年重印本卷末。

此书收录齐备，为研究宋词的重要参考书。

此书新版问世后，今人孔凡礼又从明抄本《诗渊》及其他书中辑录遗佚，编为《全宋词补辑》，收录作家 140 余人（其中 41 人，已见《全宋词》），词作 430 余首，1981 年由中华书局出版。

全宋词的由来

词，诗歌的一种。因是合乐的歌词，故又称曲子词、乐府、乐章、长短句、诗余、琴趣等。始于隋，定型于中晚唐，盛于宋。隋唐之际，从西域传入的各民族的音乐与中原旧乐渐次融合，并以胡乐为主产生了燕乐。原来整齐的五、七言诗已不适应，于是产生了字句不等、形式更为活泼的词。

词最早起源于民间，后来文人依照乐谱声律节拍而写新词，叫作"填词"或"依声"。从此，词与音乐分离，形成一种句子长短不齐的格律诗。五、七言诗句匀称对偶，表现出整齐美，而词以长短句为主，呈现出参差美。

词有词牌，即曲调。有的词调又因字数或句式的不同有不同的"体"。比较常用的词牌约 100 个。词的结构分片或阕，不分片的为单调，分二片的为双调，分三片的称三叠。

按音乐又有令、引、近、慢之别。"令"一般比较短，早期的文人词多填小令。如《十六字令》、《如梦令》、《捣练子令》等。"引"和"近"一般比较长，如《江梅引》、《阳关引》、《祝英台近》、《诉衷情近》。而"慢"又较"引"和"近"更长，盛行于北宋中叶以后，有柳永"始衍慢词"的说法。词牌如《木兰花慢》、《雨霖铃慢》等。依其字数的多少，又有"小令"、"中调"、"长调"之分。据清代毛先舒《填词名解》之说，58 字以内为小令，59～90 字为中调，90 字以外为长调。最长的词牌《莺啼序》，240 字。

一定的词牌反映着一定的声情。词牌名称的由来，多数已不可考。只有《菩萨蛮》、《忆秦娥》等少数有本事词。词的韵脚，是音乐上停顿的地方，一般不换韵。有的句句押，有的隔句押，还有的几句押。像五、七言诗一样，词讲究平仄，而仄声又要分上、去、入。可以叠字。

由于词在晚唐、五代、宋初多是酒席宴前娱宾遣兴之作，故有"词为小道、艳科"、"诗庄词媚"之说。随着词的发展，经柳永、苏轼，逐渐扩大了词的题材，至辛弃疾达到高峰，成为和诗歌同等地位的文学体裁。

词是一种音乐文学，它的产生、发展，以及创作、流传，都与音乐有直接关系。词所配合的音乐是所谓燕乐，又叫宴乐，其主要成分是北周和隋以来由西域胡乐与民间里巷之曲相融而成的一种新型音乐，主要用于娱乐和宴会的演奏，隋代已开始流行。而配合燕乐的词的起源，也就可以上溯到隋代。

宋人王灼《碧鸡漫志》卷一说："盖隋以来，今之所谓曲子者渐兴，至唐稍盛。"词最初主要流行于民间，《敦煌曲子词集》收录的160多首作品，大多是从盛唐到唐末五代的民间歌曲。大约到中唐时期，诗人张志和、韦应物、白居易、刘禹锡等人开始写词，把这一文体引入了文坛。

到晚唐五代时期，文人词有了很大的发展，晚唐词人温庭筠以及以他为代表的"花间"派词人和以李煜、冯延巳为代表的南唐词人的创作，都为词体的成熟和基本抒情风格的建立做出了重要贡献。词终于在诗之外别树一帜，成为中国古代最为突出的文学体裁之一。

进入宋代，词的创作逐步蔚为大观，产生了大批成就突出的词人，名篇佳作层出不穷，并出现了各种风格、流派。《全宋词》共收录流传到今天的词作1330多家将近两万首，从这一数字可以推想当时创作的盛况。词的起源虽早，但词的发展高峰则是在宋代，因此后人便把词看作是宋代最有代表性的文学，与唐代诗歌并列，而有了所谓"唐诗、宋词"的说法。

《沧浪诗话》

《沧浪诗话》是严羽所著关于诗的理论批评著作，约写成于南宋理宗绍定、淳化年间。它的系统性、理论性较强，是宋代最负盛名、对后世影响最大的一部诗话。

严羽的诗歌理论，集中在他所撰写的《沧浪诗话》里。另有《答出继叔临安吴景仙书》一文，扼要地说明他的论诗宗旨，可以作为"诗话"来参看。所以一般刻本常将此文附刊于《诗话》之后，充当作者自序。

《沧浪诗话》共分"诗辨"、"诗体"、"诗法"、"诗评"和"考证"五章，合为一卷。"诗辨"阐述理论观点，是整个《诗话》的总纲；"诗体"探讨诗歌的体制、风格和流派；"诗法"研究诗歌的写作方法；"诗评"评论历代诗人诗作，从各个方面展开了基本观点；"考证"对一些诗篇的文字、篇章、写作年代和撰人进行考辨，比较琐碎，偶尔也反映了作者的文学思想。五个部分互有联系，合成一部体系严整的诗歌理论著作，在诗话发展史上是空前的。正由于此，它受到世人的普遍重视。1244 年（宋理宗淳祐四年）刊行的诗话汇编《诗人玉屑》中，曾将它的内容全部采录。历代刊刻《沧浪吟卷》，也大多同时收录《诗话》。另有单行刻本，并被辑入多种丛书中，成为研究中国诗学的基本读物。为它作注释的，有清人胡鉴《沧浪诗话注》、王玮庆《沧浪诗话补注》、近人胡才甫《沧浪诗话笺注》和今人郭绍虞《沧浪诗话校释》，以最后一种最为严谨丰富。

《沧浪诗话》论诗，是针对宋诗的流弊而发的。它把宋诗的演时分为三个阶段：早期沿袭唐人，至苏轼、黄庭坚"始自出己意"，变革唐风，南宋中叶以后又转向晚唐学习。它对于宋诗的变唐很不以为然，尤其反对黄庭坚为代表的江西诗派"以文字为诗，以才学为诗，以议论为诗"的作风，谓其并不理解诗歌的特点，违背了诗学的传统。对于"四灵"和江湖诗人的倡导晚唐，它也认为"止入声闻辟支之果"（旁门小道），未进入"大乘正法眼"（均见《诗辨》）。

根据这样的情况，《诗话》特别强调诗歌艺术的特殊性，提出了"别才"、"别趣"的中心口号。《诗辨》云："夫诗有别材（才），非关书也；诗有别趣，非关理也。然非多读书，多穷理，则不能极其至。所谓不涉理路，不落言筌者，上也。"这里所说的"别趣"，是指诗歌作品有别于一般学理性著述的美学特点；所谓"别才"，则是指诗人能够感受以至创作出具有这样审美属性的诗歌作品的特殊才能，也正是艺术活动不同于一般读书穷理工夫之所在。"别才"和"别趣"紧密相关。它们的共同特点在于"非关书"、"非关理"，或者也叫作"不涉理路，不落言筌"。这就是严羽论诗的基本宗旨。

严羽所说的"别才"和"别趣"有其具体内涵。"别趣"，《诗话》中也称作"兴趣"，这就是严羽特创的文学批评术语。不同于日常用语中所说的对某某事物发生兴趣。《诗辨》说："诗者，吟咏情性也。盛唐诸人唯在兴趣，羚羊挂角，无迹可求。故其妙处透彻玲珑，不可凑泊，如空中之音，相中之色，水中之月，镜中之象，言有尽而意无穷。"这段话里讲到"羚羊挂角，无迹可求"，用的是佛经上的比喻，说羚羊到晚间把自己的双角挂在树上栖息，可以避免猎狗找寻踪迹。参照《诗评》中有关"词理意兴，无迹可求"的说法来看，是指诗歌作品的语言、思想、意念、情趣等各方面要素，组合为一个整体，达到水乳交融的地步，这才能给人以"透彻玲珑，不可凑泊"的感觉，取得"言有尽而意无穷"的艺术效果。因此，所谓"兴趣"或"别趣"，无非指诗人的情性熔铸于诗歌形象整体之后所产生的那种蕴藉深沉的美学特点，这是严羽认可的好诗的首要条件。

必须说明，严羽论诗并不局限于"兴趣"这一点。《诗辨》谈到作诗的法门有体制、格力、气象、兴趣、音节五个方面，还谈到诗歌的品类、技巧，大致的分界与最高的境界，范围相当广泛。尽管如此，"兴趣"仍然是他衡量诗歌的最基本的标尺。他批评南朝人"尚词而病于理"，宋人"尚理而病于意兴"，都是说他们未能将词、理、意、兴合成一个整体，从而失去了那种浑成而又含蓄的美质。作为对立面，他称许唐人"尚意兴而理在其中"，又推崇汉魏古诗"词理意兴，无迹可求"（均见《诗评》），亦皆出于形象整体性与含蓄美的要求。他这样重视诗中"兴趣"，对于救正一部分宋人诗作忽视诗歌审美特点的弊病，是有积极意义的，但强调过了头，也容易导致重艺术而轻思想的偏颇。

如果说"别趣"是对于什么样的诗才算好诗的解答，那么，"别才"便是对怎样才能作出这种好诗的说明。"别才"，在严羽诗论中也称作"妙悟"，这原是佛教禅宗学说的用语，指佛教徒对于佛性的领悟，《诗话》中借以表示人们对诗歌美学特点，亦即诗中"兴趣"的心领神会。在严羽看来，诗人的艺术感受和创造的才能，跟一般读书穷理的工夫是截然两码事。读书穷理固然有可能促进诗歌艺术的提高以"极其至"，而艺术活动的根底则并不依赖读书穷理。《诗辨》中谈到："大抵禅道唯在妙悟，诗道亦在妙悟。且孟襄阳学力下韩退之远甚，而其诗独出退之之上者，一味妙悟而已。唯悟乃为本色。"这就意味着"学力"并不能保证一个人的诗歌成就，"妙悟"才是关键所在。

至于"妙悟"能力的获得，《诗辨》说"工夫须从上做下，不可从下做上。先须熟读《楚辞》，朝夕讽咏以为之本；及读《古诗十九首》、乐府四篇，李陵、苏武、汉魏五言皆须熟读；即以李、杜二集枕藉观之，如今人之治经；然后博取盛唐名字，酝酿胸中，久之自然悟入。"依据这段话，"妙悟"的能力是从阅读前人的诗歌作品中培养出来的，而且不是任何诗作都有助于人们的"悟入"，必须是那些本身具有严羽所赞赏的意境浑成、韵趣悠远特点的作品，才能促成人们对这种艺术特点的领悟。同时，这种阅读的方式不是指的思考、分析和研究，而是指熟读、讽咏以至朝夕把玩的工夫，换句话说，是一种直接的感觉和艺术的欣赏活动。《诗评》中说："读《骚》之久，方识真味；须歌之抑扬，涕洟满襟，然后为识《离骚》。"还说："孟浩然之诗，讽咏之久，有金石宫商之声。"都是要人们从反复咏叹中去体会诗歌声情的抑扬骀荡，以进入作品的内在境界，领略其独特的韵味。这正是一条"不涉理路，不落言筌"的"悟入"余径。由此看来，严羽心目中的"妙悟"或"别才"，是指人们从长时期潜心地欣赏、品味好的诗歌作品中所养成的一种审美意识活动和艺术直感能力，它的特点在于不凭借书本知识和理性思考，而能够对诗歌形象内含的情趣韵味做直接的领会与把握，这种心理活动和能力便构成了诗歌创作的原动力。这一观念的提出，表明严羽对于艺术活动与逻辑思维的区别，有了一定的认识，但他未能科学地阐明思维与直觉的辩证统一关系，反而趋向把两者割裂开来和对立起来，致使其"妙悟"说带上了浓重的玄学色彩，招来后人的种种非议与指摘。

　　"妙悟"既然来源于对好的诗歌作品的熟读与涵咏，那就需要对诗歌艺术做出正确的鉴别，严羽称之为诗识。《诗辨》中所谓"学诗者以识为主，入门须正，立志须高，以汉、魏、盛唐为师，不作开元、天宝以下人物"，就是指的这种从艺术意境、风格上识别诗作的邪正高下深浅的能力；有了这种能力，才能选择合适的学习对象，达到"取法乎上"的目的。而诗识的形成，严羽认为，是来自对各类诗歌的"广见"和"熟参"，亦即来自对诗歌体制的细心辨析。《沧浪诗话》中特辟《诗体》一章，广泛介绍诗歌的体裁、风格及其流变，就是要人们通过精心比较以掌握诗歌艺术的"真是非"。《答吴景仙书》中也讲到："作诗正须辨尽诸家体制，然后不为旁门所惑。"所以辨别诗体是严羽定下的学诗的第一关，由辨体以立识，再由"识"入"悟"，而后通过

"妙悟"导致诗中"兴趣"，这是一个完整的艺术活动的过程，从而构成了严羽论诗的圆融贯通的体系。不过这个体系最终归趋到师法前人（尤其是盛唐人）的诗歌艺术上来，根本上忽略了现实生活对文艺创作的推动作用，不免存在着以流代源的缺陷，为明清两代的拟古思潮开了不良的风气。

尽管如此，《沧浪诗话》仍不失为一部体系完备而具有多方面建树的诗歌理论专著。它对古代诗歌的历史演变，尤其是唐诗和宋诗所提供的正反两方面的经验，做了深入的探讨和总结，成为读者把握这一时期文学思潮的重要枢纽。它鲜明地提出了诗歌艺术的美学特点和审美意识活动的特殊规律性问题，触及艺术形象和形象思维的某些基本的属性、基本的方面，把传统的美学理论向前推进了一大步。它还全面地展开了关于诗歌创作、诗歌批评、诗体辨析、诗歌素养等各部分理论，提供了许多有用的思想资料。这众多方面的贡献，都应予以足够的估价。正由于此，《诗话》在历史上产生了深远的影响。后世诗论中，不仅"格调"、"性灵"、"神韵"诸派都从它里面汲取养料，作为立论的根据，就是一些独树一帜的理论家如王夫之、叶燮、王国维等，也都借鉴了它的理论思维经验，予以批判的改造，推陈出新。另外，从杨士弘《唐音》、高棅《唐诗品汇》，直到沈德潜《唐诗别裁》，历来的唐诗选本和唐诗学研究中，都可以看出其或明或暗的投影。因此，《诗话》几乎笼罩了明清两代的诗学。当然，《诗话》在理论观点上的失误及其对后世所造成的消极影响，也不容回避。站在今天的理论高度，从历史的实际出发，加以科学总结，是读者应有的态度。

《桃花扇》

《桃花扇》是一部表现亡国之痛的历史剧。作者将明末侯方域与秦淮艳姬李香君的悲欢离合同南明弘光朝的兴亡有机地结合在一起，塑造了一系列栩栩如生的人物形象。悲剧的结局突破了才子佳人大团圆的传统模式，男女之情与兴亡之感都得到哲理性的升华。

《桃花扇》是中国清代著名的传奇剧本，作者是孔尚任，是他经历十余年三易其稿而完成的。此剧表现了明末时以复社文人侯方域、吴次尾、陈定生为代表的清流同以阮大铖和马士英为代表的权奸之间的斗争，揭露了南明王朝政治的腐败和衰亡原因，反映了当时的社会面貌。即作者自己所说：借离合之情，写兴亡之感，实事实人，有凭有据。通过侯方域和李香君悲欢离合的爱情故事，表现南明覆亡的历史，并总结明朝300年亡国的历史经验，表现了丰富复杂的社会历史内容。

桃花扇共有40出，舞台上常演的有《访翠》《寄扇》《沉江》等几折。通过男女主人公侯方域（朝宗）和李香君的爱情故事反映明末南明灭亡的历史戏剧。当时清初正是考据学极盛时期，影响了作者忠于历史的态度，剧本中绝大部分人物是真人真事，剧本所写的一年中发生的重大历史事件，甚至考证精确到某月某日。但这并不是历史书籍，剧中加入故事情节，人物感情刻画，从深度和广度反映现实，并且有很高的艺术表现力，是一部对后来影响很深的历史剧。

桃花扇一剧形象地刻画出明朝灭亡前统治阶层腐化堕落的状态。中国各代王朝的灭亡实际和明代是如出一辙，"以史为鉴，可以知兴亡"。剧本脱稿后立即引起社会的关注，在舞台上经常演出。康熙皇帝专门派内侍向孔尚任索要剧本，看到其中描述南明皇帝耽于声色的情节，常皱眉顿足说："弘光弘光，虽欲不亡，其可得乎！"。

20世纪之初，王国维自1908年至1912年钻研中国戏曲，曾极口称赞元剧之文章，但却认为不及《桃花扇》。他在《文学小言》中说：元人杂剧，辞则美矣，然不知描写人物为何事。至国朝之《桃花扇》，则矣！王氏指出，在刻画人物性格方面，《桃花扇》是中国戏曲史上无与伦比的杰作。1915年，吴梅为暖红室校订《桃花扇》后，写了一篇题识，并在所著《顾曲麈谈》中赞扬此剧不独词曲之佳，即科白对偶，亦无一不美。1918年7月，他又写了《桃花扇传奇跋》，专论其艺术成就说：东塘此作，阅之久，凡三易稿而成。自是精心结撰，其中虽科诨亦有所本。观其自述本末，及历记考据各条，语语可。自有传奇以来，能细按年月确考时地者，实自东塘为始，传奇之尊，遂得与诗文同其声价矣。王国维是20世纪中国戏曲史学科的开创者，他对《桃花扇》的艺术评价也很高，但都没有触及孔尚任的身世和剧作的思想内容。在清末民初，能结合文艺思潮来探索孔尚任《桃花扇》主旨的学者，当推梁启超为第一人。他在《小说丛话》中首先揭示了《桃花扇》的民族主义实质，他说："《桃花扇》于种族之戚，不敢十分明言，盖生于专制政体下，不得不尔也。然书中固往往不能自制之使人生故国之感。……读此而不油然生民族主义之思想者，必其无人心者也。"

《隋唐演义》

《隋唐演义》是清代长篇白话历史演义小说，20 卷，100 回，70 余万言。这是一部兼有英雄传奇和历史演义双重性质的小说。以隋朝末年农民起义为故事背景，讲述隋朝覆灭与大唐建立的一段历史演义。小说中塑造人物个性鲜明，故事情节脍炙人口，其中的经典段落经久不衰。

《隋唐演义》以隋唐历史为题材。宋代以来，有关隋末群雄割据，"十八路烟尘"造反的种种传说和故事一直在民间广泛流传，演义隋唐历史的小说数量颇多，可以构成一个较大的系列。《隋唐演义》之前较有影响的同类题材的作品有明代的《隋唐志传》、《隋炀帝艳史》和《隋史遗文》，褚人获对上述作品广采博收，同时吸收了唐宋传奇的有关材料，加工改写成 70 万字的《隋唐演义》。作为说唐故事的集大成者，《隋唐演义》几乎注意到古籍及传说中所有有关隋唐历史的逸事、杂说，把它们融到一部作品中，而且杂而不乱，形成了自己的情节体系，可谓后来居上。《隋唐演义》叙事从隋主伐陈开始，以"安史之乱"后唐明皇回京作结。它的主要内容由三部分构成：一是以隋炀帝——朱贵儿为中心人物的隋末宫廷故事，二是秦琼、单雄信、程咬金等"乱世英雄"反隋的故事，三是唐明皇——杨贵妃为中心人物的"安史之乱"前后唐代宫廷故事。全书将隋炀帝——朱贵儿与杨贵妃——唐明皇的两世姻缘作为一条副线，把纷繁的历史事件、趣闻逸说融进一个庞大而松散的整体结构中。

隋炀帝在通俗小说中是有名的荒淫残暴的君主。他在位 14 年，曾三次发动对高丽的战争，又每年调民工数百万营建东宫，开凿运河，修筑长城，苛捐、暴政，搞得民不聊生。当时有些人为了躲避兵役、劳役，竟自断手足，称为"福手福足"。隋末农民大起义就是在这种背景下发生的。《隋唐演义》在一定程度上艺术地再现了历史的真实情况。作品前半部，以细致的笔墨描写了"穷土木炀帝逞豪华"（第二十七回）的许多令人怵目惊心的事实：选绣女、建洛宫，"弄得这些百姓东奔西驰"，"各府州县邑，如同鼎沸"。炀帝为了游玩，强令开凿自大梁至淮河的运河，强征天下民夫，"如有隐匿者，诛三族"。大小官吏正好趁此机会变本加厉地酷虐百姓。在这样一个反抗的烈火一触即燃的时刻，不但程咬金、尉迟恭等贫苦农民要揭竿而起，就是一些下级官吏（如秦琼）和富有正义感的中小地主（如单雄信）也感到是"出去做一番事业"的时候了。在反隋英雄中，秦琼一生的经历最具典型性。秦琼曾担任过地方上的"捕盗都头"，对造反的"勾当"几度迟疑。当"盗贼"程咬金、王伯当等人以拜寺为名在家聚义时，他出于江湖义气，毅然冒着生命危险放走了众人。在亲眼看到了麻叔夜吃人等一系列惊心动魄的事件，彻底认清了隋王朝的极端腐败本质后，他自觉主动走上了反抗道路。参加起义队伍后，他利用自己在江湖上的声望，为壮大农民起义队伍做出了有益的贡献。在瓦岗寨上，他成了翟让军事集团的中坚力量之一。在说唐故事演变过程中，群雄反隋，尤其是瓦岗寨英雄们的反抗故事，有较好的基础，褚人获对这一部分的加工也最见功力，不但思想内容上多有可取，艺术上也取得了一定成就。他较成功地塑造了秦琼、单雄信、程咬金等草泽英雄的群像。这些人物，既有传奇色彩，又是生活中活生生的个性不同的人。如单雄信耿直淳厚而自视甚高，程咬金鲁莽而风趣善谑，罗成勇猛而少年气盛，都给人留下较深刻的印象。作者不但注意从重大的事件、情节中写人，还能通过细节描写表现人物细微的感情和心理。如描写秦琼的许多文字，就相当精彩、细腻。

《隋唐演义》十八杰人物介绍：

1. 西府赵王李元霸，李元霸胯下一字板肋癞麒麟，手中一对擂鼓瓮金锤，谁也惹不起，为头一条好汉。

2. 天宝大将宇文成都，胯下赛龙五斑驹，掌中凤翅镏金镗，勇贯三军，是大隋朝的顶梁柱。

3. 银锤太保裴元庆裴三公子，胯下千里一盏灯，掌中一对八棱梅花亮银锤，是瓦岗山头号猛将。

4. 紫面天王雄阔海，一根熟铜棍，压盖武林。

5. 南阳太守伍云召，是春秋五霸时名将伍子胥的后人，使得一条亮银枪，曾经大战过宇文成都。

6. 双镗无敌伍天锡，胯下青龙马，掌中一对短把凤翅镏金镗，英勇无比。

7. 少保罗成，又叫罗神枪、冷面寒枪，胯下一匹西方小白龙，掌中五钩神飞亮银枪！从没打过败仗，人称"常胜将军"。隋唐时期有罗士信，罗士信是历史上确有其人的，和小说中罗成有许多相似之处，所以被认为是罗成的历史原型。

8. 靠山王杨林，胯下金睛兽，掌中一对虬龙棒，老当益壮。

9. 花刀大将魏文通，跨下花斑马，一把花刀，是隋营数一数二的大将。

10. 银面韦托秦用，秦琼的干儿子，胯下赤炭火龙驹，掌中八棱紫金降魔杵，隋唐八大锤之一，年轻人中的佼佼者。

11. 呼罗国王，胯下青鬃马，掌中单锤，乃突厥第一战将。

12. 四宝大将尚师徒，胯下宝马呼雷豹，掌中乌龙提泸枪，山马关大帅。

13. 马踏黄河两岸，铜打三州六府，威震山东半边天，神拳太保秦琼秦叔宝，跨下一匹黄骠马，上瓦岗寨后更骑火猎豹，掌中一对虎头锴棱金装铜，擅使一把虎头造金枪，大唐护国公，是本套书的书胆！

14. 皂袍大将尉迟恭，武艺和秦琼不分上下，胯下一匹乌骓马，掌中单鞭，擅使丈八蛇矛枪。

15. 赤发灵官单雄信，单二员外，江湖总瓢把子，胯下枣红马，掌中一把金钉枣阳槊，是瓦岗五虎上将的头一员。

16. 银枪将苏定芳，胯下银龙马，掌中亮银枪。罗成遭其陷害致死。

17. 勇三郎王伯当，胯下黄斑马，掌中花枪，一上战场就玩命。

18. 大刀王君可，胯下一匹赤兔马，手拿青龙偃月刀，真好比关羽在世。

四猛人物介绍：

1. 今世孟贲罗士信，恨天无把、恨地无环，掌中一把铁旗杆，能力拔牛犊、飞石打鸟、夜辨蚊牤，连李元霸也畏惧三分。

2. 铁枪将来护儿。

3. 活吊客王伯超。

4. 火龙神君夏逢春。

四绝人物介绍：

1. 罗松罗万年。

2. 双枪定彦平。

3. 小白猿侯君集。

4. 混世魔王程咬金。

《镜花缘》

《镜花缘》清代百回长篇小说，是一部与《西游记》、《封神榜》、《聊斋志异》同辉璀璨、带有浓厚神话色彩、浪漫幻想迷离的中国古典长篇小说。作者清代著名小说家李汝珍以其神幻诙谐的创作手法数经据典，奇妙地勾画出一幅绚丽斑斓的天轮彩图。

武则天废唐改周时，一日天降大雪，她因醉下诏百花盛开，不巧百花仙子出游，众花神无从请示，又不敢违旨不遵，只得开花，因此违犯天条，被劾为"逞艳于非时之候，献媚于世主之前，致令时序颠倒"。于是玉帝就把百花仙子贬到人间。

百花仙子托生为秀才唐敖之女唐小山。唐敖赴京赶考，中得探花。此时徐敬业起兵讨伐武则天，有奸人陷害唐敖，说他与徐敬业有结拜之交，因而被革去功名。唐敖对仕途感到灰心丧气，便随妻兄林之洋、舵工多九公出海经商。

他们路经30多个国家，见识了各种奇人异事、奇风异俗，并结识由花仙转世的女子，后唐敖入小蓬莱山求仙不返。在"君子国"，商人收低价付好货，国王严令禁止臣民献珠宝，否则烧毁珠宝并治罪；"大人国"的脚下有云彩，好人脚下是彩云，坏人脚下是黑云，大官因脚下的云见不得人而以红绫遮住；"女儿国"里林之洋被选为女王的"王妃"，他被穿耳缠足；在"两面国"里的人前后都长着脸，每个人都有两个面孔，前面一张笑脸，后面浩然巾里藏着一张恶脸，这些人都虚伪狡诈；"无肠国"里的人都没有心肝胆肺，他们都贪婪刻薄；"豕喙国"中的人都撒谎成性，只要一张嘴，就都是假话，没有一句是真的；"跂踵国"的人僵化刻板。

唐小山思念父亲心切，逼林之洋带她出海寻父，游历各处仙境，来到小蓬莱，从樵夫那得到父亲的信，让她改名"闺臣"，去赴才女考试，考中后父女再相聚。唐小山改名唐闺臣回国应试，武则天开科考试才女，录取百人，一如泣红亭石碑名序。才女们相聚"红文宴"，各显其才，琴棋书画，医卜音算，灯谜酒令，人人论学说艺，尽欢而散。

　　唐小山入小蓬莱山寻父不返。此时徐敬业、骆宾王等人的后代又起兵反周，攻破长安城外武家军的酒、色、财、气四关，拥立中宗复位，武则天仍被尊为"大圣皇帝"，她又下诏，明年仍开女科，并命前科百名才女重赴"红文宴"。

　　作者理想中以女性为中心的"女儿国"，"男子反穿衣裙，作为妇人，以治内事；女子反穿靴帽，作为男人，以治外事"。女子的智慧、才能都不弱于男子，从皇帝到辅臣都是女子。这里反映出作者对男女平等、女子和男人具有同样社会地位的良好愿望。

　　作者借想象中的"君子国"，表现他的社会理想。"君子国"是个"好让不争"的"礼乐之邦"。城门上写着"惟善为宝"四个大字。"国主向有严谕，臣民如将珠宝进献，除将本物烧毁，并问典刑"。这里的宰相，"谦恭和蔼"，平易近人，"脱尽仕途习气"，使人感到可亲可敬。这里的人民互谦互让，"士庶人等，无论富贵贫贱，举止言谈，莫不恭而有礼"，"耕者让畔，行者让路"。卖主力争少要钱，售出上等货；买主力争付高价，取次等货，彼此相让不下。小说以此来否定专横跋扈、贪赃枉法的封建官场和尔虞我诈盛行的现实社会。

　　作者李汝珍（1763—1830）清代小说家，字松石，江苏海州（今属连云港市）人。自小多才多艺，曾写了一本音韵方面的书，名为《音鉴》。可是他一直不得志，最后花了十几年的时间，才写成这本《镜花缘》。

　　作者以辛辣而幽默的文笔，嘲讽那些金玉其外、败絮其中的冒牌儒生。在"白民国"装腔作势的学究先生，居然将《孟子》上的"幼吾幼，以及人之幼"读作"切吾切，以反人之切"。这样的不学无术之辈，又是视"一钱如命"，尽想占便宜的唯利是图者流。"淑士国"到处竖着"贤良方正"、"德行耆儒"、"聪明正直"等金匾，各色人等的衣着都是儒巾素服。他们举止斯文，满口"之乎者也"，然而却斤斤计较，十分吝啬，酒足饭饱后连吃剩下的几个盐豆都揣到怀里，即使一根用过的秃牙杖也要放到袖子里。作品以内外对照的手法揭露这些假斯文的酸腐气，淋漓尽致地讽刺了儒林的丑态。

作者还以漫画的手法，嘲讽和批判种种品质恶劣和行为不端的人们。"两面国"的人天生两面脸，对着人一张脸，背着人又是一张脸。即使对着人的那张脸也是变化无常，对"儒巾绸衫"者，便"和颜悦色，满面谦恭光景"，对破旧衣衫者，冷冷淡淡，话无半句。一旦人们揭开他的浩然巾，就露出一副狰狞的本相。"无肠国"里富翁刻薄腌臜，用粪做饭供应奴仆。"穿胸国"的人心又歪又恶。"翼民国"的人头长五尺，都因好听奉承而致。"结胸国"的人胸前高出一块，只缘好吃懒做。"犬封国"的人长着狗头。"豕喙国"的人长着一张猪嘴。皆极尽讽刺挖苦之能事。

《孽海花》

《孽海花》，晚清四大谴责小说之一。清朝曾朴著，初版署名为"爱自由者发起，东亚病夫编述"。作者以状元郎金雯青（影射洪钧）与名妓傅彩云（影射赵彩云）的婚姻生活故事为情节主线，将30年间重要历史事件的侧影及其相关的趣闻逸事，加以剪裁提炼，熔铸成篇。《孽海花》所表现的30年历史内容，亦即同治中期至光绪后期这一特定历史阶段政治和文化的变迁史。《负暄絮语》说："近来新撰小说，风起云涌，无虑千百种，固自不乏佳构。而才情纵逸，寓意深远者，以《孽海花》为巨擘。"鲁迅《中国小说史略》称其"结构工巧，文采斐然"。

《孽海花》内容繁复，时间跨度大，如何从总体上把握它的本质特征？作者对其创作意图的剖白，对我们颇有启发。《修改后要说的几句话》曾云："这书主干的意义，只为我看着这30年，是我中国由旧到新的一个大转关，一方面文化的推移，一方面政治的变动，可惊可喜的现象，都在这时期内飞也似的进行。我就想把这些现象，合拢了它的侧影或远景和相连系的一些细节事，收摄在我笔头的摄影机上，叫它自然地一幕一幕地展现，印象上不啻目击了大事的全景一般。"由是观之，作者试图在这部小说里容纳30年历史的本质内容，并表现出它的发展趋势。总而言之，就是要把《孽海花》写成一部历史小说。而所谓历史小说，已经不同于我国传统意义上的"历史演义小说"。历史演义小说，即历史的通俗化；而这里所说的历史小说，是具有近代意义的新概念。其基本特征是："把奇妙和真实"结合在一起，塑造"个人与社会历史命运更紧密结合的人物"，表现历史的本质和趋向，最终

"把小说提高到历史哲学的地位"（引号内为卢卡契言论）。应该说，《孽海花》已经达到了这样一种境界，堪称具有近代意义的历史小说。这自然与作者对法国文学特别是对大仲马、雨果的历史小说具有颇为精到的研究不无关系。

《孽海花》成书于资产阶级革命走向高涨的年代，其昂扬的爱国精神和激进的革命倾向，发聋振聩。首回"恶风潮陆沉奴隶国"，体现了作家深切的危机意识，"十八省早已都不保了"的疾呼，在20世纪初叶敲起了警钟。作家的批判笔锋集中指向封建专制政体，甚至借书中人物之口，阐扬了石破天惊的革命主张："从前的革命，扑了专制政府，又添一个专制政府；现在的革命，要组织我黄帝子孙民族共和的政府。"（第四回）书中还勾勒了英气勃勃的革命党人孙汶、陈千秋、史坚如等形象，其思想之激进，实出于晚清一般谴责小说之上。

作家着眼于19世纪后中国的"文化的推移"、"政治的变动"（曾朴《修改后要说的几句话》），使小说融注了多重意蕴。首先，它具有历史小说的厚重内涵，从中法、中日之战，清流党的锋锐，公羊学的兴起，到帝、后的失和，改良派与革命派的活跃，还有柏林、圣彼得堡的风云，历史洪波巨流都留下了投影。其次，《孽海花》的讽刺笔墨亦擅胜场。作家多撷取一些有趣的琐闻逸事，举凡宫闱秘闻、科场闹剧、官吏贪墨、士林麻木等，初无过甚贬词，却能挖掘出其中荒唐、古怪、畸形的喜剧因素。再次，小说着重表现的则是中国文化心态的冲突与嬗替，从沉湎过去的自我封闭转为迎受欧风美雨这一巨变。故事开篇苏州雅聚园茶话，显示了咸、同年间人们对于科名的沉醉，留下了文化封闭心态的印迹。而在繁华总汇的上海，冯桂芬对新科状元金雯青的一席话，却透露了物换星移的信息。小说着力渲染上海味莼园的谈瀛胜会，通过风发泉涌的席间议论，几乎囊括了晚清向西方寻求真理的人们所提出的各种主张，表现了中国一代先哲奋进自强的追求。小说尤其突出地表现了旧式封建士大夫的必然没落。他们颇有文化素养，论金石，谈考据，一派高雅斯文气象，却大都不堪承当大事。如中法、中日战争数回中，那两位徒托空言、终无大用的书生庄仑樵与何珏斋。云卧园名流雅集中的翰墨场中怪杰李纯客，自命清高，疏狂傲世，其实却还是红尘中的名利客。揭露这过渡时代中持守旧文明的"士"完全无助于挽救天朝上国的沦落，是此书的重要底蕴之一。作家选择金雯青作为主人公不是偶然的，他恰是中国旧文化的代表，与时代潮流格格不入。早年在上海一品香宴集上，面对那些学贯中西的新潮人物，他已十分茫然。当他荣膺使节，一踏上德国萨克森号轮船，便立即成为任凭环境摆布的傀儡。西方流行的各种社会思潮，令他大惊失色，一副冥顽不灵之态。在柏林、圣彼得堡，他的爱妾博彩云占尽风光，而他堂堂使臣反倒成了配角，每日杜门谢客，蛰居书室。这位攀上中国科名高峰的状元，虽已置身翁郁葱茏的现代文明中，却不敢一觑新世界的万花筒。而他无论是在官场上还是情场上，都成败北者。他的凋零，意味着一个历史时代的沉沦。

《孽海花》作为历史小说，刻画人物性格吸取了我国古代"良史"的实录精神。同时，又借鉴了《儒林外史》"秉持公心，指摘时弊"的讽刺手法，以写实笔法评说事件、权衡人物。即使对威毅伯（影射李鸿章）这样的人物，亦绝非一概骂倒，既写他在甲午海战中负有"因循坐误"的历史责任，又不是把失败的全部责任统统归咎于他。西太后挪用"一国命脉所系"的海军经费，威毅伯又如之奈何呢？既写他害怕开战的胆怯心理，又写他的知己知彼，老成持重。既写他签订丧权辱国的《马关条约》，因而遭到国人唾骂，又从深层次写出签约的根源在于国家的贫弱。总之，在作者笔下，威毅伯不是一个被简单化、脸谱化了的人物，而是一个具有历史真实感的艺术形象。

《孽海花》在艺术方面，亦多有不足之处。其结构虽云工巧，独创性亦显而易见，但是把30年间历史重大事件连结于金、傅婚姻生活故事这条主线，终难免有牵强之处。然而，所有这些终究是白玉中之微瑕而已。

《花间集》

《花 间集》是我国五代十国时期编纂的一部词集，也是我国文学史上的第一部词集，由后蜀人赵崇祚编辑。本书收录了温庭筠、韦庄等18位花间词派诗人的经典作品，集中而典型地反映了我国早期词史上文人词创作的主体取向、审美情趣、体貌风格和艺术成就。

五代十国时，前蜀王氏、后蜀孟氏割据蜀中，60年间，沉湎于歌舞伎乐，曲子词也因之盛行。《花间集》即为供歌伎伶人演唱的曲子词选本。词作者18人，其中温庭筠、皇甫松为晚唐曲子词作家，列于卷首，表示西蜀词派的源流所自。和凝是北汉宰相，以制曲著名，当时称为"曲子相公"，其词和温庭筠风格相近。张泌或疑为南唐词人，此外，从韦庄到李珣14人，都是蜀中文人，为王氏或孟氏的文学侍从之臣。温词浓艳华美，韦词疏淡明秀，代表了《花间集》中的两种风格。其他词人的词作，则多蹈温、韦余风。它们的内容，不外歌咏旅愁闺怨、合欢离恨，多局限于男女燕婉之私。但也有一部分作品，如鹿虔扆的《临江仙》抒写"暗伤亡国"之情，欧阳炯的《南乡子》歌咏南方风土人情，较有现实意义。宋人论及《花间集》，都赞扬其文字富艳精工，几乎没有人称许其思想内容。到了清代，常州词派的创始人张惠言却以"比兴"、"讽喻"的观点释温庭筠、韦庄词，认为它们表现了"贤人君子幽约怨悱不能自言之情"（《词选序》），恐未免流于穿凿附会。

《花间集》是我国第一部词集。花间派是我国第一个词派。《花间集》内容上虽不无缺点，然而在词史上却是一块里程碑，标志着词体已正式登上文坛，要分香于诗国了。

《花间集》集中而典型地反映了我国早期词史上文人词创作的主体取向、审美情趣、体貌风格和艺术成就，真实地体现了早期词由民间状态向文人创作转换、发展过程的全貌。花间词规范了"词"的文学体裁和美学特征，最终确立了"词"的文学地位，并对宋元明清词人的创作产生了深远影响。

其实，《花间集》介于中国文学发展史上唐诗宋词两大峰巅期的中间，对宋词的繁荣及以后词的发展有着重大影响，文学艺术上的价值、作用、贡献和地位是不可忽视和否认的。就内容来讲，除了恋情外，还有史事古迹、风物人情、边塞旧事、山水花鸟等。

《封神演义》

《封神演义》，俗称《封神榜》，又名《商周列国全传》、《武王伐纣外史》、《封神传》，中国神魔小说，为明代陈仲琳（一说是许仲琳）所作，约成书于隆庆、万历年间。全书共 100 回。《封神演义》的原型最早可追溯至南宋的《武王伐纣白话文》，可能还参考了《商周演义》、《昆仑八仙东游记》，以姜子牙辅佐周室（周文王、周武王）讨伐商纣的历史为背景，描写了阐教、截教诸仙斗智斗勇、破阵斩将封神的故事，包含了大量民间传说和神话。有姜子牙、哪吒等生动、鲜明的形象，最后以姜子牙封诸神和周武王封诸侯结尾。

在《封神演义》的世界中，世界分成为仙山洞府和三界。仙山洞府是由仙道组成的昆仑山"阐教"和海外仙士、方外术士或得道禽兽组成的"截教"。三界是由玉皇大帝统治的天庭和商（殷朝）纣王统治的人间和女娲统治的妖界。在一次祭祀时纣王对美丽的大地之母女娲做出了无礼举动（作了首邪恶的诗），纣王的渎神使女娲异常愤怒，命令轩辕坟三妖——千年狐狸精、玉石琵琶精、九头雉鸡精迷惑纣王使殷商毁灭。

它以宋元讲史话本《武王伐纣平话》为基础，博采民间传说，发挥神话传说善于想象夸张的特长，赋予各类人物以奇特的形貌，以至杨任剜目后可在手掌内生出神奇的眼睛，雷震子肋下长有可以飞翔的肉翅，哪吒则能化为三头八臂。仙术道法也神奇莫测，如土行孙等的土遁、水遁之法，陆压的躬身杀人之术等，都给读者以较深印象。小说在人物描绘上有一定成就，如妲己的阴险残忍，杨戬的机智果敢，闻仲的耿直愚忠，申公豹的恶意挑拨等等，都写出了一定的性格。有些情节也相当曲折生动，如"哪吒闹海"一节，由 7 岁哪吒在河边的嬉戏玩耍，生发出一段意想不到的争斗，叙来层次分明，高潮迭起，同时也表现出哪吒由天真顽皮到勇武狠斗的性格发展过程。此外如黄飞虎反出朝歌、广成子三谒碧游宫等，也有复杂细致的描写。

此书虽有上述特色，但总的说来，《封神演义》在艺术描写上偏于叙事而忽略揭示人物的内心活动，因而多数人物性格并不鲜明，铺叙故事则有重复雷同之处，尤其是数次设阵破阵，更有千篇一律之感，情节发展也有不够严谨的地方。据传作者创作此书有"欲与《西游记》、《水浒传》鼎立而三"之意，实则略逊一筹。但明清以来，它在民间仍得到广泛的流传。

此书有明刻本，100 回，国内已无存。清初有周之标序本、褚人获序本及四雪草堂本刊行，也均为 100 回。近年有人民文学出版社标点通行本。

《儿女英雄传》

《儿女英雄传》是由清代满族文学家文康所著，又名《金玉缘》《日下新书》，是我国小说史上最早出现的一部融侠义与言情于一体的社会小说。小说长达 40 回，讲述的是安学海父子的仕途生活，描绘了整个社会特别是官场的腐败黑暗。

小说一问世，即以其独特的艺术魅力赢得广大读者的好评，有人甚至称其为"一时杰作"，影响之大，自不待言。

文康，字铁山，一字悔庵，号燕北闲人。他出生贵族世家，其祖父大学士勒保曾出资捐为理藩院郎中，历任天津兵备道，凤阳通判等职。后丁忧归里，又特起为驻藏大臣，后因病未赴任。

小说以何、安二家冤案为由展开情节，何玉凤（化名十三妹）之父为人所害，她立志复仇，遁迹江湖。安骥之父亦为人所陷，安骥携金往救，落难于能仁寺，为何玉凤搭救，何并为安骥与同时落难于能仁寺的村女张金凤联姻。安父后来得救，而何之杀父仇人已前死，何也被说服嫁给安骥，二女相夫，终使安骥探花及第，位极人臣。

作者倾注全部热情塑造了一位自己心目中的完人——安学海，他老练干达，忠厚待人，且清廉自束，性格中有着可爱之处。可是他的一言一行均以"忠、孝、节、义"为准绳，俨然以封建礼教的卫道者自居，实令人可厌，因而这一形象的思想意义受到极大损害。书中塑造得最成功，最有艺术生命力的形象是十三妹何玉凤。小说前半部着力刻画十三妹救困扶危，疾恶如仇，轻财重义，智勇兼全的侠女性格。她与安骥相遇在悦来店，救难于能仁寺，虽系萍水相逢，却挺身而出，拔刀相助，那令人惊心动魄的一幕幕场面，不仅把小说的情节发展推向高潮，而且一位可亲、可爱、可敬的侠女形象，活生生地兀立在读者面前。十三妹是中国古典长篇侠女形象的典型，倘若和其他名著中的典型人物相比较，也毫不逊色。遗憾的是，这种任一己之力的济世英雄，本身就不免有空想色彩，而小说后半部更着重写她在安学海的熏陶濡染之下，成为一个行动规矩的贵妇人，这样她的侠义性格非但未得到发展，相反却向着侠女的对立面转化，十三妹性格的统一性遭到严重破坏。这一切都显示了作者对人的社会活动的批判，均以封建道德为准绳与归宿，无疑是书中人物出现败笔的底蕴所在。小说中其他人物的塑造，如邓九公，张金凤，舅太太等，虽仍不免前述的憾病，但都声容毕肖，栩栩如生，自有个性，各展风采，为琳琅满目的古典小说人物画廊又增添了一幅幅引人注目的肖像。

马从善《儿女英雄传序》说，作者少时家门鼎盛，晚年诸子不肖，家道败落，他"著此书以自遣"。鲁迅说："荣华已落，怆然有怀，命笔留辞，其情况盖与曹雪芹颇类。惟彼为写实，为自叙；此为理想，为叙他。"（《中国小说史略》第二十七篇）小说作者虽与曹雪芹的境况相似，但没有曹氏那种深刻的人文关怀和超拔凡俗的审美情思。然而，《儿女英雄传》是一部深于人生阅历之作，加之艺术手腕圆熟高妙，仍不失为一部雅俗共赏之作。书中较成功地塑造了英风侠胆的十三妹形象。

《儿女英雄传》具有切近世态人情的长处，所谓"描摹世态，曲尽人情"。作家以精细的笔触勾勒出一幅19世纪中国社会风俗画面。诸如官场的鬼蜮横行，下层社会的光怪陆离，悦来老店、天齐庙会的喧嚷，以及当时的各种典章礼俗，无不写得细腻真切。《儿女英雄传》采用市井细民喜闻乐见的评话形式，如同对读者当面娓娓而谈，还不时地忙中偷闲从旁插话，点明筋节，或则插科打诨，妙趣横生，深得评话艺术之阃奥。小说结构的翻新出奇，亦为一时所仅见。曼殊称誉此书前半部，结构"佳绝"。作家善用伏笔，巧设悬念，悦来店、能仁寺数回，小说主人公十三妹的行动云遮雾罩，藏头露尾，作了如许一番惊天动地的事，却似"神龙破壁腾空去，夭矫云中没处寻"（第十回），直到第十九回方才道破她的真名实姓，全然打破了开门见山、平铺直叙的套数。此书尤为擅长的则是它纯熟、流利的北京口语。胡适揄扬说："他的特别长处在于言语的生动，漂亮，俏皮，诙谐有风趣。"（《儿女英雄传序》）《儿女英雄传》开创了地道的京味，不论叙事语言还是人物语言，都写得鲜活，于俗白中见风趣，俏皮中传神韵。

《儿女英雄传》语言的成功，深刻地影响了其后小说的创作，成为京味小说的滥觞。《儿女英雄传》的拟评话形式与醇正的京腔京韵形成了独特的美学风貌。

《榴花梦》

中国清代弹词作品。女作家李桂玉著。成书于道光二十一年（1841），共360卷。每卷两回，约480余万字，是一部卷帙浩繁的弹词巨著。原作止于357卷，后3卷系翁起前、杨美君于1939年续写，署名浣梅女史。现有全帙抄本传世。《榴花梦》以唐代贞观之后朝纲废弛、外藩侮主、干戈四起、战乱连年为背景，通过桓、罗、梅、桂四家的仕宦遭际，描绘了复杂的社会政治生活及人情世态。故事中人物众多，尤以女中豪杰桂恒魁的形象最为突出。作者明写唐人，实为清事，特别是200卷之后，处处充满清代的现实社会生活的描绘，诸如帝王之懦弱不振，奸佞横行，外侮入侵等，都是清代社会生活的真实写照。作品借唐代朝政，针砭时事，意在警世。全书结构宏伟，情节错综复杂，文笔秀丽，韵味醇美，细节描写真实生动，主要人物形象鲜明，是长篇弹词的杰作。

《榴花梦》以唐朝为历史背景，主要情节是叙述女主角桂恒魁（桂碧芳）的故事。她幼出名门，长逢乱世。由于权佞当道，勾结外藩入侵，唐天子被围于扬州。在邦国将倾的时刻，桂恒魁毅然女扮男装，起兵经略天下。她先定外藩，而后回兵救驾；唐皇拜她为天下兵马大元帅，赐钺节制诸路勤王兵马。事定之后，唐皇酬勋，赐她誓书铁券，裂土封王。但不久，唐皇嫌她功高震主，产生疑忌，于是罗织罪名，想置她于死地。恒魁机智，始得自全。外国窥见勋臣失势，以为有机可乘，再度入侵，桂恒魁又提兵殄灭南蛮，并回戈北上，肃清君侧，终于廓清宇内。全书兼写桓、罗、梅、桂四大族姓的生活，最后以吉庆终场。

《榴花梦》塑造了文武双全、智勇绝世的女英雄桂恒魁。作者在自序中说:"是书也,独生色桂恒魁一人耳。夫桂恒魁一女子也,生居绮阁,长出名门,仕女班头,文章魁首,抱经天纬地之才,旋转乾坤之力,可称女中英杰,绝代枭雄,千古奇人,仅闻仅见。当其深闺雌伏,不飞不鸣;一经骇浪,惊涛光起,百年事业。"作者将人间可能树建的各种丰功伟绩,集于恒魁一身,一洗百世裙钗所受的封建桎梏,让闺阁女子扬眉吐气。关于此书的写作动机,陈俦松在《序》中说,作者"常对余偶评历史兴衰,于唐室大有感慨。盖自贞观以后,法纪乖张;中、晚以来,朝纲废弛,外藩侮主,逆阉无君。神器动摇,柔懦不振"。考虑到此书两篇序文均题作"道光辛丑(1841)年梅月(农历五月)",正是鸦片战争爆发,帝国主义入侵,投降派百计求降而抗敌爱国名臣林则徐、邓廷桢等则备遭打击迫害之时,作品显然寓有借古讽今之意。作品中常借人物之口,直接谴责当道"柔懦不振",权臣卖国求和、残害忠良,抨击昏庸官吏"武将文臣枉许多,平时坐享皇家禄,到此无能代国劳"。这表明作者李桂玉有一定的忧国忧民的思想。它的局限在于,作者仍拘泥于封建道德范畴所允许的所谓"功业",未能突破樊篱,直接面对现实。

此书每卷回目用八字四句组成,如第一卷:"唐天子建储安国本,贤小姐园中争宝剑,桓总戎遣子探慈亲,桂舍文月下遇妖魔。"全书多用七字句的韵文写成。关于艺术上的特色,陈俦松说:"提纲布伏,莫不一新。如海市蜃楼,隐约幻化;如天孙织锦,绮丽惊奇","意则层出叠深,事则千奇万变。望之如危峰叠嶂,屹立参差,或形舞凤飞鸾,或现龙蹲虎踞",评论颇得其实。全书采用明白流畅的通行文语,不夹杂方言俚语。文笔活泼秀丽,韵如环扣,节律相称,是中国近代弹词中的名著。

《盐铁论》

《**盐**铁论》是中国西汉桓宽根据汉昭帝时所召开的盐铁会议记录"推衍"整理而成的一部著作。书中记述了当时对汉武帝时期的政治、经济、军事、外交、文化的一场大辩论。该书共分60篇，标有题目，内容是前后相连的。桓宽的思想和贤良文学人士相同，所以书中不免有对桑弘羊的批评之词。书中语言很精练，对各方的记述也很生动，为现代人再现了当时的情况。公元1487年（明朝成化二十三年）的涂祯刊本是较好的版本，现代的参考版本有郭沫若的《盐铁论读本》和王利器的《盐铁论校注》。

汉武帝时为了掌握全国经济命脉，从经济上加强封建中央集权，抗御匈奴的军事侵扰，打击地方割据势力，推行了以桑弘羊为主所制定的盐铁官营、酒类专卖及均输、平准、统一铸币等一系列重大财经政策。这些经济措施，虽然适应了当时巩固西汉王朝政权的需要，为西汉王朝奠定了坚实的经济基础，但是也给农业生产、中小工商业和群众生活带来了某些不便与困难，特别是剥夺了地方诸侯和富商大贾的既得利益，因而必然引起他们的强烈不满和反对，于是盐铁官营、酒类专卖等问题，就成了当时社会政治经济生活中的大事。

公元前81年（汉昭帝始元六年）旧历二月，朝廷从全国各地召集60多人到京城长安，与以御史大夫桑弘羊为首的政府官员共同讨论民生疾苦问题，后人把这次会议称为盐铁会议。会上，双方对盐铁官营、酒类专卖、均输、平准、统一铸币等财经政策，以至屯田戍边、对匈奴和战等一系列重大问题，展开了激烈争论。这是中国古代历史上第一次规模较大的关于国家大政方针的辩论会。

会议结果，废除了全国的酒类专卖和关内铁官。事过 30 年，桓宽根据这次会议的官方记录，加以"推衍"整理，增广条目，把双方互相责难的问题详尽地记述出来，写成《盐铁论》。

　　盐铁会议留下的书面材料经过桓宽的加工润色，处处渗透着他本人的观点。《盐铁论》赞赏贤良文学的崇义贬利，进本退末、安贫乐道思想溢于言表，被诸史列入儒家类，充分反映了汉元帝时期儒学的守旧观念。自元帝以后，西汉政权重用纯儒，儒家思想的正统地位完全确立，加上西汉王朝的经济开始衰退，更加重了经济思想界的沉寂和保守气氛。而且，从董仲舒就流露出的宜少近古的经济复古思绪，也成为西汉后期的新动向。

　　《盐铁论》全书分为 10 卷 60 篇。前 41 篇是写盐铁会议上的正式辩论，自第 42 篇至 59 篇是写会后的余谈，最后一篇"杂论"是作者写的后序。篇各标目，前后联成一气，采用对话文体，以生动的语言真实地反映当时的辩论情景，保存了不少西汉中叶的经济史料和丰富的经济思想资料。

　　书中记述，在汉昭帝下诏召开的这次盐铁会议上，贤良文学们提出，盐铁官府垄断专营和"平准均输"等经济政策是造成百姓疾苦的主要原因，所以请求废除盐、铁和酒的官府专营，并取消均输官。

　　均输和平准是汉武帝时期（公元前 140 年至公元前 88 年）所推行的经济政策，其最初目的是利用行政手段干预市场和调剂物价。均输就是在各地设置均输官，负责征收、买卖和运输货物，地方应交纳的贡物，折合成钱交给均输官，均输官再在各地之间贱买贵卖，调节物价，同时也为国家增加了收入。平准则是官府负责京师和大城市的平抑物价工作，贱时国家收买，贵时国家抛售，抑制奸商的投机倒把行为，稳定物价。但是由于理论的过于理想化，造成了百姓买什么什么贵的恶性循环。

　　书中的御史大夫即桑弘羊，他站在封建中央政府的立场，强调法治，崇尚功利，坚持国家干涉经济的政策，对盐铁官营、平准、均输等重大政策措施采取坚决维护的态度，认为它"有益于国，无害于人"，既可以增加国家财政收入，"以佐助边费"，又有发展农业生产，"离朋党，禁淫侈，绝并兼之路"的作用，因而决不可废止。他在为盐铁官营等政策辩护时，全面地提出了他对工商业的看法。他接受了范蠡、白圭的重商思想和《管子》中有关国家经营工商业的思想，认为工商业在人民经济生活中是不可少的，人民生活所需的"养生送终之具"均"待商而通，待工而成"，所以，他主张"开本末之途，通有无之用"，"农商交易，以利本末"。但他认为工商业应该由政府控制，发展官营工商业，这样既可以增加国家财政收入，又可以"排富商大贾"，抑制他们的兼并掠夺，有利于"使民务本，不营于末"，有利于"建本抑末"。

盐铁会议上，贤良、文学在辩论中所阐述的当时的儒家经济思想，经过《盐铁论》的"推衍"，更为全面系统，形成中国封建社会中占统治地位的经济思想。《盐铁论》的作者桓宽，服膺儒家思想，在政治上站在反对桑弘羊的立场，但他把盐铁会议辩论双方的思想、言论比较忠实地整理出来，因而使《盐铁论》这部著作，不仅保存了西汉中期较丰富的经济史料，也把桑弘羊这一封建社会杰出理财家的概略生平、思想和言论相当完整地保留了下来，成为研究中国经济思想史、特别是西汉经济思想史的一部重要著作。

桓宽，西汉后期散文家。字次公。汝南（今河南上蔡西南）人。生卒年不详。汉宣帝时被举为郎，后任庐江太守丞。《盐铁论》全书体例统一，风格一致，结构严密，通晓畅达，在经济思想史和文学史上都具有重要价值。

《永乐大典》

我们已经知道，类书的规模都很大，往往达数百卷，甚至上千卷。那么，类书中规模最大的是什么书呢？就是赫赫有名的《永乐大典》。

明朝永乐元年即 1403 年 7 月，明成祖朱棣下了一道圣旨给当时的翰林院，命令他们纂修一部规模宏大的类书。按明成祖的意思，是要把自古以来所有的书籍，不论有多少，不要怕浩繁，统统编成一本书。

遵照皇帝的旨意，当时的大学者解缙就开始负责这件事。一年以后，编成一本书，取名叫《文献大成》，呈送给明成祖审察。可是明成祖却嫌此书规模不够宏大，不符合他的心意，就又增派姚广孝等人为监修，重新加以修辑。这次全国上下动员了儒士文臣共 3000 多人参加工作，广泛搜集。到了永乐六年，即 1408 年的冬天，终于大功告成，一部极其宏大的书问世了，并由明成祖赐名为《永乐大典》。

《永乐大典》的规模是空前的。全书共 228771 卷，仅目录就有 60 卷之多。装订成 11095 册，辑入古今图书七八千种，总字数约有 3.7 亿。想想看，这是多么宏大啊，简直可以称得上"书山"了。

《永乐大典》收录的图书材料既多又广，保存了大量的古代文献资料。而且，这些资料，都是按照原著，整部整篇、整章整段，一字不改地摘抄的。所以，文献价值是极为珍贵的。

《永乐大典》修成后，由于过于浩繁，在当时情况下，实在是没有能力付印，因此只有一部，收藏在南京的文渊阁。后来，迁到北京，藏于文楼。有一次宫中不小心失火，《永乐大典》险些被烧毁。当时的皇帝明世宗，担心这唯一的一部孤本遭受意外，就命令大臣召集了109名儒士，摹写了一部副本。他们用了5年的时间才抄完。于是就把正本仍送回南京的文渊阁收藏，把副本留在了北京。后来明亡之际，南京文渊阁被焚，原本《永乐大典》就都被毁了。剩下北京的一部副本，传到清朝，也没受到清朝政府的重视。到光绪元年，即1875年清点对，只剩下不足5000册了。1900年八国联军入侵北京，《永乐大典》遭到了浩劫，一部分被焚毁，剩下的也几乎全被劫走，散失海外各地。

到目前，经过多方征集，总共才得到730卷，由我国的中华书局影印出版了。据统计，现存世上的《永乐大典》一共约有800卷，仅有原书规模的3％强点。

这部中华文明史上最大的书籍，其遭遇是令人感慨、愤恨的。我们衷心希望，这样的悲剧在世界文明史上不要重演。

"三言"与"二拍"

"三言" 指的是《喻世明言》、《警世通言》、《醒世恒言》三部白话短篇小说集，简称"三言"，编选者为明代的冯梦龙。"二拍"指的是模仿"三言"的两部白话短篇小说集《拍案惊奇》和《二刻拍案惊奇》，简称"二拍"，著者是明末的凌濛初。

冯梦龙，字犹龙，又字耳犹，别号墨憨子、龙子犹。生于1574年，卒于1646年。他少有才气，为人放荡不羁，科举不得志，有一定的进步思想，又是一位爱国志士。在清兵入关时，曾进行抗清宣传，最后忧愤而死。

冯梦龙对我国通俗文学的贡献是巨大的。"三言"实际上可以看作是我国古代文学史上第一部规模宏大的白话短篇小说总集。

"三言"每集收作品40篇，总数为120篇。宋、元、明三代，四五百年间创作和流传的比较优秀的白话短篇小说，几乎都被收了进去。这些作品，多数是长期流传在口头上的说话底本。作者及听众主要是当时新兴的市民阶层。所以，在这些作品中，熔铸着一般市民的生活理想及欣赏情趣，具有崭新的市民特色。

"三言"中那些最精彩的作品，大多是关于青年男女爱情、婚姻题材的作品。在作品中，作者强调了男女之间真挚的感情，提倡男女双方的互相尊重，痛恨薄幸负心的无耻行为。描写了被压迫的妇女追求幸福生活的愿望，抨击了封建制度对妇女的压迫。大家熟知的《杜十娘怒沉百宝箱》就是其中最优秀的一篇。杜十娘是京城的名妓，为了摆脱非人的境遇，她想寻找到一个可以依托终身的伴侣。在她相信了李甲之后，凭借自己的机智，终于跳出了火坑。然而负义的李甲出于别人的金钱引诱和对自身利害的考虑，却把她出卖给了一个富商。杜十娘悲愤交加，在痛骂了李甲之后，就抱着她平生积蓄——百宝箱，投入了激流波涛之中，用自己的青春生命，控诉了那个罪恶的社会，维护了她对爱情的理想和人格的尊严。

"三言"中，不少作品还真实地反映了封建社会的黑暗，对上自皇亲国戚、达官显宦，下至鹰犬爪牙、恶霸豪强，都做了无情的揭露和批判。此外，"三言"中还有许多作品歌颂了人与人之间纯真的友谊。比如写俞伯牙与钟子期互为知音的故事，令人十分感动。

"三言"中也有不少宣扬封建伦理道德、宿命论思想的作品，这些是书中的糟粕。

"三言"问世之后，影响很大，模仿之作纷纷问世。其中，以凌濛初的"二拍"最为著名。

凌濛初，字玄房，号初成，别号即空观主人，浙江吴兴县人，生于1580年，卒于1644年。"二拍"先后写成于明天启七年（1627年）和明崇祯五年（1632年），刊行于崇祯年间。全书包括白话小说78篇。这78篇小说几乎完全是凌濛初个人的创作。这些作品标志着从口头文学发展而来的古代白话短篇小说实现了由集体创作到个人创作的转变。

明朝中叶，封建王朝已处在极端腐朽没落之中，资本主义生产关系已开始萌芽、发展。城市经济空前繁荣，市民阶层开始兴起，因此，"二拍"对这方面的情况有许多反映。这首先表现在"二拍"一改以前封建传统轻视商业的习惯，塑造了许多成功商人的形象，像《转运汉巧遇洞庭红》中，通过对商人追求金钱的活动，和对他们海外冒险的多方描绘，使我们看到了明中叶以后商业的发展情况，以及社会风气的转变。

另外，"二拍"中也有大量男女爱情婚姻的故事。这些作品反映了冲破封建樊笼，要求自主、自由的市民阶层的道德、婚姻观念。

然而"二拍"中也存在着大量的封建糟粕，比之于"三言"要严重得多。如书中对农民起义军就进行了大肆的诬蔑。不过评价任何文学遗产，都要以历史的、唯物的态度，不能以偏概全，彻底否定"二拍"的文学价值。

总之，"三言"和"二拍"代表了明代白话短篇小说的最高成就，不仅在当时文坛上，而且对后来文学都有不小的影响。

《西游记》

《西游记》是我国神话小说中最优秀的一部作品。它的成书与《三国演义》、《水浒传》一样，也是先根据民间流传的故事，最后由文人进行艺术创作而写定的。这个过程前后共酝酿了700多年。

唐太宗贞观三年，即公元629年，僧人玄奘，就是《西游记》中的"唐僧"原型，用了17年的时间，经过100多个国家，前往天竺（印度）取回佛经600多部。这件事情在当时引起很大震动，于是逐渐就在民间流传开来。到了南宋，唐三藏取经的故事已经开始与各种神话串联在一起，并且出现了孙悟空的原型——猴行者的形象。到了元代，取经故事已经定型，唐僧师徒4人的形象也确定下来。最后，到了明朝，吴承恩在前代的基础上，经过再创作，终于写成了100回的《西游记》。

吴承恩生活在16世纪的明代，字汝忠，号谢阳山人。从小便有文才，然而科举考试却多次不中，一生过着卖文自给的清苦生活。他的《西游记》与前代的取经故事相比，有着很大的不同。吴承恩冲淡了原来取经故事固有的浓厚的宗教色彩，用孙悟空取代唐僧做了全书主人公，而且创造了更加丰富多彩的故事内容。

吴承恩用7回篇幅"大闹天宫"作为《西游记》的开始，显示出了明显的战斗性主题。孙悟空本是天地精华孕育的石猴，无父无母，率领群猴过着自由自在的生活。后来远渡重洋，访师求道，学得72般变化和一个跟斗十万八千里的筋斗云，然后大闹水晶宫，夺得如意金箍棒。又打入地府，勾掉生死簿上的名字，达到了绝对的自由。这一美妙的幻想，实际上正反映了苦难深重的人民希望摆脱封建压迫，要求征服自然掌握自己命运的强烈愿望。

后来在取经的路上，孙悟空在八戒、沙僧的协助下，一路斩妖除怪，表现出了顽强的斗争精神。那些张牙舞爪、面目狰狞的妖魔鬼怪，既象征了害人的自然力量，也象征了封建社会的邪恶力量，给下界人民带来无限的灾祸。它们与上天的神佛有时简直是一体化的。上界的神下凡，就变成魔，而魔升天后仍可做神，正说明了神佛统治的腐朽和天界秩序的混乱。而那些死在孙悟空棒下的，只是一些没有后台的野怪。这些含义深刻的描写，不正曲折地反映出当时社会的现实吗？

孙悟空在"大闹天宫"中，显示了热爱自由、勇于反抗的品格。在降妖除怪的取经路上，又突出了见恶必除、除恶务尽的精神。可以说，他既是一个叛逆者，又是一个为人间解除磨难的英雄。

《西游记》在艺术上具有鲜明的浪漫主义色彩，书中神话人物、神话环境和各种神奇的魔法都不可思议，引人入胜。而且故事情节也非常复杂，一波未平，一波又起，九九八十一难紧扣心弦，惊心动魄。比如三打白骨精、三调芭蕉扇、大战红孩儿、误入小雷音、东迟国斗法等等故事，都妙趣横生，既惊险又精彩，十分迷人。

《天工开物》

著名的英国汉学家李约瑟博士在他的名著《中国科学技术发展史》中，曾经把我国明代科学家宋应星所著的《天工开物》称为"中国 17 世纪的工艺百科全书"。那么宋应星是什么样的人呢？《天工开物》又是什么样的书呢？

宋应星，具体生卒年月不详，字长庚，曾经在明神宗万历四十三年（1615 年）考中举人，当过州县一级的官员。明朝灭亡以后，他就回到了家中，一直没再出来做官，大约在清朝初年去世。

宋应星所处的时代，正是明朝十分腐朽的时期，朝廷的没落不必多说，就是一般的读书人也只知道埋头于八股，或者是空谈不着边际、毫无实用价值的理学、玄学。而宋应星作为一个时代的前进者，抛开了那些空洞的圣经贤传，潜心钻研，写出了《天工开物》这样一部与功名进取毫不相关，但与人民生活、生产技术密切相连的自然科学史著。

《天工开物》共分上、中、下三编，共 18 卷，并附有插图 123 幅。

上篇 6 卷，记载了稻、麦、黍、稷等一些农作物的耕作技术和使用的农具，以及养蚕、织布、染色、制盐、熬糖等方面的技术、经验及工具等。

中篇 7 卷，记载了制陶、冶铸、舟车、制油、造纸等方面的情况和有关经验。

下篇 5 卷，包括金、银、铜、铁、锡的开采和冶炼，兵器、火药，以及朱、墨、酒的制作工艺和珠宝玉器的开采加工技术情况。

可以说，这本书基本概括了我国古代社会中各个方面的技术资料，它总结了明朝以前的农业、手工业及化学工艺的生产经验和技术，并进行了分门别类、系统具体的介绍，还是我国封建社会里科学创作的第一部。书中很重视对劳动人民生活资料的研究，从同情劳动人民的民主思想出发，介绍了许多与广大人民日常生活密切相关的生产工具。而且，宋应星这种从实际出发的态度，也正体现了他具有一定程度的唯物主义思想。

应该说，《天工开物》在我国的科学技术史中是占有重要地位的。

《本草纲目》

在祖国医学史上占有最重要地位的书，就是明代著名医学家李时珍编写的《本草纲目》。这是一部系统总结我国 16 世纪以前的药物学经验的巨著。

李时珍，生于 1518 年，卒于 1593 年，字东壁，号濒湖，湖北蕲春人。他们家世世代代都是行医出身，因此李时珍从小便与中医结下了不解之缘。长大以后，他看到当时的一些医书对一些药物的记载有许多纰漏和不完善的地方，于是就决心在前人的基础上写出一部更好的药物书来。在长期行医治病的实践中，李时珍收集了众多的民间药方，而且还亲自上山采集草药，许许多多的山山水水都留下了他的足迹。他经过苦心钻研，考核了800多种有关文献，用了近30年的心血，终于在晚年写成了这部在世界药物史上占有重要地位的辉煌巨著。

《本草纲目》全书共52卷，190万字，收载各类药物1897种，其中有374种是李时珍经过亲自实践新增加的。并附有药图1100多幅，附有方剂11096个。把各类药物分为水、火、土、金石、草、谷、菜、果、木、服器、虫、鳞、介、禽、兽、人等16部，共计60类。可以看出，这的确是一部规模宏大的巨著。

《本草纲目》的分类方法不但纲目清晰，而且已经遵循了自然物质从无机到有机，从简单到复杂，从低等到高等的演进规律，基本上符合了进化论的观点，是当时世界上最先进的药物分类方法。

书中对每种药物的记载，包括校正、释名、集解、正误、修治、气味、主治、发明、附录、附方等项，非常全面。从药物的历史、形态到功能、方剂等叙述得都很详尽。尤其还记载了许多李时珍经过对药物的反复观察、研究以及在实际应用中的新发现、新经验，极大地丰富了药物学知识宝库。比如享誉中外的云南白药，其主药三七就是李时珍最早给以正确总结和详细记载的。书中还纠正了历代药物学书籍中的错误。比如把混为一种药的两种草药分开，而把一种药误认为是两种药的草药给予更正等等。

《本草纲目》问世以后，立刻受到社会的重视，后代的从医者几乎每人都要准备一部，被认为是集历代本草之大成的典籍，并很快流传到国外，译成各种文字，受到全世界研究者的重视和赞扬。

《农政全书》

《农政全书》是我国明朝杰出的科学家徐光启的一部关于农业的巨著。

徐光启，字子先，号玄扈。生于明世宗嘉靖四十一年（1562），卒于明思宗崇祯元年（1633），享年72岁，上海人。上海的徐家汇就是因他而得名的。他考取进士后，曾官至文渊阁大学士，相当于宰相。

明朝末年，政治黑暗，民不聊生。而就社会经济总体上看，却已出现了资本主义的萌芽。同时，西方的一些科学技术也随着一批传教士的到来传入中国，影响并吸引了大批先进的中国知识分子，徐光启就是其中之一。在当时国困民穷的情况下，他想从根本上解决问题，而我国古代历来是以农为本的，于是徐光启就开始编著《农政全书》。

我国封建社会长期处在农业耕作的自给自足经济的运行中，在农业生产知识和经验方面，自然拥有十分丰富的积累。历代都有许多农书和有关的文献。于是，徐光启就把它们全面地收集起来，并分类抄录，加以详细说明。而且还吸收了当时他所能搜集到的各种西方的科学技术，一直到去世，历时30年左右，才写出了这部我国历史上农业方面的巨著。全书共60卷，包括《农本》3卷、《田制》2卷、《农事》6卷、《水利》9卷、《农器》4卷、《树艺》6卷、《蚕桑》4卷、《蚕桑广类》2卷、《种植》4卷、《牧养》1卷、《制造》1卷、《荒政》18卷，共12个部类，可以说基本上包括了农政各个方面的内容。《农政全书》

总结了历代的农业生产经验和理论，具有中国古代农业史的价值和作用。徐光启把明以前所有的农业名著及文献精华不仅分类地摘录下来，而且还加以研究验证，有错误的予以校正，有不足的予以补充，有不清楚的予以说明。在这一过程中，他还亲身投入到实践中去，访问农民，考察土壤，辨别物种，亲身劳动，亲尝草木，进行实地实验。这种作风是迥异于当时四体不勤的士大夫的。

《农政全书》配有十分丰富的插图，图文并茂，使人一目了然。而且全书还搜罗了许多古代不容易见到的农书，在保存文献上也有很大功绩，给后人研究农业史带来了莫大的方便。

需要说明的是，严格地讲，徐光启本人并没有真正完成这部巨著。在他去世时，所谓的原稿还是一堆未经审定编次的读书笔记。现行的《农政全书》是两年后由陈子龙等人整理修改，有所增删，然后才刻印刊行的。

《牡丹亭》

在16世纪后半期，当时的世界上出现了两位著名的剧作家，一位是莎士比亚，一位就是汤显祖。

汤显祖，字义仍，号若士，生于1550年，卒于1616年，出身于江西临川一个读书人家。早年有文名，34岁中进士，为官清正。因为他不与腐朽的明王朝的统治阶级合作，最后弃官回到老家临川。他写过4部有名的戏剧：《紫钗记》、《牡丹亭》、《邯郸记》、《南柯记》，合称"临川四梦"。这是由于汤显祖是临川人，而4部戏剧中主要都有梦境的活动，所以才这样称呼的。

汤显祖自己说过：一生中所做的这"四梦"，最得意的就是《牡丹亭》。

《牡丹亭》是汤显祖的代表作，也是我国戏曲史上的浪漫主义杰作。作品通过杜丽娘和柳梦梅生死离合的爱情故事，热情歌颂了反对封建礼教、追求自由幸福的爱情和强烈要求个性解放的精神。

杜丽娘是南安太守杜宝的独生女儿。杜宝是一个典型的封建官僚，对女儿的管教十分严格。杜丽娘的母亲是一个听从丈夫的封建老太婆，因此杜丽娘的生活十分单调、苦闷，在官衙里住了3年，连后花园都没有到过，只是跟着一个陈腐得发臭的老学究学习封建礼教那一套。这样孤寂、空虚的生活，使正在成长的青春少女杜丽娘异常苦闷。后来，她在丫环春香的诱导下，第一次偷偷地来到了后花园。那明媚的春光，盛开的百花，成对的莺燕，纷纷闯入她的眼帘，也打开了她少女的心扉。大好春光的感召，使杜丽娘的青春觉醒了，她悲叹自己青春的虚度，憧憬着自由和幸福，但却找不到任何出路。

游园之后，杜丽娘回去梦见了一位书生柳梦梅。梦中两人情投意合，柔肠百结。于是杜丽娘就把自己的热情与希望全部寄托在这个梦中的书生身上，并为他相思成疾，最后竟因相思而死。但是，这恰恰是杜丽娘新生活的开始。在摆脱了现实世界的种种约束之后，她的灵魂终于找到了梦中的书生柳梦梅，并主动向他表示爱情。最后，杜丽娘还魂而生，冲破了父亲的百般阻挠，与柳梦梅结为幸福的夫妇。

《牡丹亭》在艺术上最大的特色，就是极富浪漫主义精神。这主要表现在杜丽娘由梦而死，死又复生的幻想情节。杜丽娘的理想在当时的现实世界是几乎不可能实现的。可是在梦思、魂游的世界里，她终于摆脱了封建礼教的束缚，实现了自己美好的愿望。

杜丽娘出生入死，执着追求幸福，并获得胜利的故事，感动并鼓舞了后世的青年争取自由恋爱的勇气和信心。

《词　综》

词 的产生，与音乐有直接的关系。它本来是配合音乐歌唱的，所以才以长短句的形式出现，错落有致，便于入乐。随着隋唐燕乐的兴盛，词这一形式逐渐发展起来，并在宋代达到了最高峰，成为和唐诗相抗衡的另一大文学样式。

唐宋以来，包括金元两代，都涌现出一大批词人和词作。这些词作，在社会各界广泛流传，于是各种词选也大量出现，比比皆是。其中，清初朱彝尊编集的《词综》，是影响比较大的一部词集。

朱彝尊，生于1629年，卒于1709年，浙江嘉兴人。小的时候，他的家很穷，但他非常好学，后来成为明清之际的著名学者，并参加过《明史》的修撰工作。到了晚年，他一心扑在著述上，写了许多著述，《词综》就是其中之一。

《词综》共36卷，其中包括唐、五代十国、宋、金、元诸家词30卷，补人3卷，补词3卷。据说朱彝尊阅览了160余种词集和各种笔记、小说、选本，选录词人660余家，词作2200余首。

《词综》采集广泛，取舍谨严，鉴别考证都很精当，所选的诸家词人，凡是能够考证的，都立有小传，为词学研究者提供了宝贵的参考资料。

《古诗源》

所说的古诗，现在一般是从时间上着眼，泛指古代的各体诗歌，这是当今的普遍理解。而前人所说的古诗，则是侧重于对诗歌形式的理解，指与绝句、律诗等近体诗相对的诗体，又叫"古体诗"或"古风"。《古诗源》就是一部古体诗的选集。

《古诗源》的编选者是清代的沈德潜，他生于1673年，卒于1769年，乾隆年间中进士，首任内阁学士兼礼部侍郎，在当时的文坛是很有名气的。沈德潜认为，虽然说诗歌是到了唐朝才达到顶峰，最为兴盛，但唐以前的诗却正是唐代和以后各代诗歌的源头。所以，他在编完一部唐诗的选集后，又追本溯源，编选了这部汇集上古到隋代的古诗精华的古体诗选本——《古诗源》。

《古诗源》共14卷，以时间先后为顺序，按年代来分卷编排，所收诗歌不只限于五言古诗和七言古诗。三言、四言、杂言，也有收录，并且有沈德潜本人加的题解、评释和圈点。

所谓"源"，沈德潜自己说就是要为学诗的人导入到诗歌的源头。所以，他非常重视民歌的地位，把《康衢谣》、《击壤歌》等上古民歌谣谚看作是古诗之源。他对乐府民歌也很看重，给予了很高的评价。此外，他还在《古逸》一卷中专门收录了100多条散见于正史、诸子中的古代谣谚，在整理民歌上做出了贡献。这些民间歌谣都是很质朴的，都反映了实际的生活和人们的真情实感。比如《击壤歌》，传说是上古尧时一个80岁的老人所作的："日出而作，日入而息，凿井而饮，耕田而食。帝力于我何有哉？"大意是说我每天太阳出米后就起来劳作，到太阳落山时就回来休息，自己打一口井来饮水，自己耕一块地来吃粮，帝王的恩泽对我有什么用呢？抛开此诗年代的真伪不说，只就其内容来看，确实反映了劳动人民自食其力的生活方式及淳朴的思想感情。

《聊斋志异》

我国的文言小说从魏晋南北朝时期开始盛行，发展到唐传奇，已取得很高成就。到了清朝，蒲松龄的一部《聊斋志异》，终于达到了我国文言小说的艺术高峰。

蒲松龄，生于1640年，卒于1715年，字留仙，别号柳泉，山东淄博人。他生在一个书香门第，19岁时曾连续考了县、府、道三个第一。但此后却屡考不中，便开始了他的教书生涯，一直到70岁才停下来。穷愁潦倒的一生，使蒲松龄对科举制度的腐朽、封建官场的黑暗有着深刻的认识和体会。于是，他便把他的全部理想，寄托在一部《聊斋志异》中了。《聊斋志异》是蒲松龄一生心血的结晶，也是他的代表作。聊斋是蒲松龄居室的名字，志，就是"记"的意思，所以，这是一部记载怪异之事的志怪传奇小说。全书近500篇，大部分作品是具有完整故事情节和鲜明人物形象的短篇小说。

《聊斋志异》的题材来源极为广泛。据说蒲松龄在写此书时，经常在大道边摆上几壶茶，有过路的人，蒲松龄就把人家拉住，给他茶喝，但要他讲一讲他的所见所闻。如果有什么新鲜事，蒲松龄就记下来，回去之后再进行加工创作。因此书中的许多优秀作品，都反映了广阔的现实生活，揭示出许多重要的社会问题。

《聊斋志异》中描写爱情的作品数量最多，大多篇章表现了强烈的反封建礼教的精神，赞美了青年男女的自由恋爱，也揭露了封建社会对青年男女爱情生活的种种阻碍。在这些作品里，作者常写一些花妖狐魅与人相恋的故事。这些花妖狐魅在蒲松龄笔下，全无一丝令人恐惧的样子，反而是一群美丽而充满了灵性的生命，甚至比人类还要可爱。

《聊斋志异》还强烈地抨击了科举制度的腐败，揭露了科举制度埋没人才的罪恶。"在司文郎"中，作品写一个能从烧成灰的文章中嗅出其好坏的瞎和尚，在嗅过王生的文章后，认为王生的文章写得很好，有大家风范。在嗅余杭生的文章时，则忍不住要恶心呕吐。可是，在发榜之后，余杭生却中了榜，而王生却名落孙山。

《聊斋志异》用深刻的笔触，揭露了现实政治的腐败和统治阶级对人民的残酷压迫，反映了封建社会的根本矛盾。比如《促织》一篇中，因皇帝爱斗蟋蟀，就让天下各地都要进贡蟋蟀。一个读书人叫成名，买不起上贡的蟋蟀，被县官打得死去活来。后来历尽艰辛，好不容易才抓到一只，却被他儿子不小心弄死了。小孩子因为害怕父亲毒打，就跳井了。结果小孩的灵魂变成一只好斗的蟋蟀，这才挽救了一家被毁灭的命运，成名也因此过上了好日子。

由于蒲松龄的思想局限，书中也存在许多消极落后的东西。比如一些迷信思想，封建伦理道德，因果报应，地狱轮回的宿命论思想等等，但这些并不是全书的主要部分。

《聊斋志异》中的故事变幻莫测，想象丰富奇特，作者一方面把花妖狐魅引入现实生活，把他们人格化来反映现实矛盾，一方面利用他们神异的本领来表现自己的理想，浪漫主义色彩很浓厚。

小说的故事曲折离奇，引人入胜；人物形象鲜明，有血有肉；语言精练丰富，多姿多彩，在艺术上取得了很高的成就。《聊斋志异》问世以后，风行一世，模仿它的作品大量出现。然而，无论在思想上还是在艺术上，都没有超过它的。

《儒林外史》

《儒林外史》是我国古代讽刺小说的典范性作品。所谓讽刺小说，就是指通过真实性与艺术性的完美结合，来指责时弊的小说。

《儒林外史》全书共 55 回，作者吴敬梓，生于 1701 年，卒于 1754 年，清初安徽人。他才华过人，但在 20 岁中了秀才之后就无意科举功名，用全部精力创作了这部着重揭露封建科举制度弊端的小说。

小说塑造了一系列生活在科举制度下的知识分子形象，揭露了腐朽的科举制和吃人的封建礼教对他们的残害。在科举制度下，读书人大多醉心于功名，把读书中举看作是唯一的人生目的。小说里有个叫周进的读书人，连考了几十年，连个秀才也没考上，却仍然不死心。有一次他进了贡院，触景伤心，就一头撞在号板上，昏倒过去，被救醒后，满地打滚，放声大哭，甚至吐了血。几个商人可怜他，就凑钱给他捐了个监生，他就趴在地上连连给人家磕头，说是他的重生父母。

书中最著名的要数范进中举的故事了。范进也是一个连年考试，连年不中的读书人。到了 54 岁，仍然是个花白胡须的老童生。最后，总算侥幸中了举人，别人来给他报喜，他一听立即热血上涌，一头昏倒在地。醒来之后，他边笑边跑，不小心跌在泥塘里，弄得一身泥水淋漓，还高声叫着"我中了"，原来他是高兴过度而发疯了。后来多亏他那个当屠户的老丈人给了他一个大嘴巴，才把他打清醒过来。可见那时的读书人中科举制的毒到了什么地步！

而那些读书人一旦中举，立刻不顾一切礼义廉耻地大肆搜刮民脂民膏，贪赃枉法，鱼肉百姓。他们念念不忘的是"三年清知府，十万雪花银"，而这正是他们舍生忘死去坚决走科举这条路的最后目的。

　　小说还戳穿了封建礼教虚伪、残酷的本质。中举以后的范进在当了官以后，他的母亲去世了，为了表示自己尽孝道，他装模作样地克制自己，似乎要按礼教的规定行事；当下属官员请他吃饭时，他拒绝用象牙筷子，以表示悼念亡母，但对满桌的大肉大鱼却一点也不肯放过。还有一个老秀才，他教女儿要守节，他女儿的丈夫很年轻就去世了，他要女儿以死殉夫。他女儿公婆不肯，这个老秀才反而劝他女儿一定要殉夫，认为这是青史留名的事，结果他女儿最后就绝食而死了。女儿死后，他听说了，竟仰天大笑："死的好！死的好！"

　　《儒林外史》中也塑造了几个正面的人物形象，他们是有真才实学、品德高尚的读书人，这代表了作者的理想。

　　小说的语言精练生动，尤其善于心理描写，以揭示出人物的精神面貌，使人物性格很鲜明。所以，讽刺起来也更深刻、尖锐。《儒林外史》是我国古典讽刺文学中批判现实主义的一部杰作。

《康熙字典》

从《说文解字》开始的各种字典、字书，大多是按部首分类的，但往往分类过于琐细，而且每一类内的字也没什么排列顺序，有时为了查一个字，经常翻了几卷还没找到。明朝梅膺祚撰的《字汇》则做了很大革新，把部首合并为214部，并按笔画多少为顺序排列文字。这样在使用时就简明方便多了。后来也是明朝的廖文英，仿照此书作了《正字通》。这两部字书都曾流行一时，很受欢迎。

到了清朝康熙四十九年（1710），康熙皇帝下了一道圣旨，要编一部大型字典，由张玉书、陈廷敬主持这项工作。于是，就在《字汇》和《正字通》的基础上，经过增补修订，用了6年的时间，编成了《康熙字典》。这是我国第一部以"字典"命名的工具书。

《康熙字典》全书共42卷，体例上仿照《字汇》、《正字通》，也按地支分为子、丑、寅、卯、辰、巳、午、未、申、酉、戌、亥12集。每集又分上、中、下。共214个部首，字头按部首排列，部中各字按笔画多少排列次序。共收字47035个，是我国古代收字最多的一部字典，其中有不少古字和冷僻字。

《康熙字典》对每个字先用反切法注音。反切注音是我国古代的一种注音方法，就是用两个字来注一个字的注音方法。它是取前一个字的声母，和后一个字的韵母相拼读而成。反切注音后，再标直音，然后解释字义。解释时，都引用经书古籍予以例证，并常常有所考辨，加"按"字附于注末，全书有附录多个。其中"总目"、"检字"各一卷，方便寻检。"辨似"一卷，列举容易混淆的形近字，加以辨别。"补遗"一卷，收录冷僻字。"备考"一卷，收录已不通用的字。

《康熙字典》收字很多，又大量编辑了前代典籍，所以问世以来影响很大，至今仍是我们阅读、整理、研究古籍的重要工具书。但需要注意的是，它的错误也有不少，所以使用时一定要注意查核辨别。清朝道光年间的大学者王引之曾作《字典考证》，可以作为这方面的参考。

《古今图书集成》

据学术界估计，我国古代编修的类书大概不下数百种之多，其中现存完好的最大一部综合性类书就是《古今图书集成》。它的规模是仅次于《永乐大典》的，但它的命运却比《永乐大典》强多了，得以完整地保存下来。

《古今图书集成》是清朝的陈梦雷等人，奉康熙皇帝的旨意，首先从康熙四十年（1701）到康熙四十五年（1706）编纂的。后来蒋廷锡又在雍正四年（1726）奉雍正皇帝的旨意，最终编校完成。

全书共 1 万卷，目录就有 40 卷，约 16000 万字。在编排体例上，也是按类编排的，但有不同于前代类书的地方。它将所有类目分为 6 个汇编，32 个典，6109 个部。其中每个汇编里有若干个典，每个典里又有若干个部，每个部又包括汇考、总论、图、表、列传、艺文、选句、纪事、杂录、外编 10 个项目。这种编排方法，分类更加详细，对于检索资料是非常方便的。

《古今图书集成》书如其名，收罗的资料极为宏大丰富。在它的每一个部中，都收有关于一个事物各方面的记述，对研究有关问题，能提供丰富而系统的资料，或者提供重要的线索。

国外称《古今图书集成》为"康熙百科全书"，如果想从中查找多种典故、诗文和历史人物事迹，是非常方便的。可以说，它是我们查找康熙以前任何一个部门的资料，或解决典故出处时最为有用的重要工具书。

《四库全书》

《四库全书》是清朝乾隆帝下诏纂修的一部规模庞大的丛书。所谓丛书，又叫丛刻、丛刊、汇刻。它是把许多种著作汇编在一起，并冠以一个总名的古籍汇编。在古代，由于各种天灾人祸，加上印刷条件的限制，大量的图书极易散失，非常可惜。而丛书却集中了大批重要和稀见难得的图书文献，对于古籍的保存、流通和校勘，发挥了巨大的作用。

《四库全书》就是非常著名的一部丛书。

清朝乾隆三十八年，即公元1773年，清政府成立了四库全书馆，乾隆皇帝先后派自己的第六个儿子永瑢、大臣纪昀等360人参加编纂工作，前后用了10年左右的时间，终于编成《四库全书》。它收集存书3503部，总计79327卷，装成36078册。另外还编有《四库全书总目提要》200卷，《四库全书考证》100卷，《四库全书简明目录》20卷。

书成之后，朝廷又派定了抄写人员3826人，从乾隆三十八年到五十二年，15年中照原本抄录了7套，分别收藏在北京宫内、奉天（沈阳）、圆明园、热河、扬州、镇江、杭州七个地方。另外又编了简本的《四库全书荟要》，每套12000册，也抄录了两套，分别藏在宫内和长春两处。

《四库全书》的内容分为经、史、子、集四大部。经部指有关儒家经典和注释文字的书；史部指记事方面的书，如历史、地理、时令、职官等内容；子部指六经以外的诸子著作及小说类著作；集部指诗词文曲方面的书。这四部中的每一部，又分许多类。其中的书籍大部分是从社会各界广泛搜求来的，还有从《永乐大典》中辑出的佚书，以及清朝宫中的藏书和自己新编的书。

清朝统治者之所以编这部大丛书，主要是为了借提倡学术之名，来加强对人民思想的控制。同时也借修书之名，加强对民间书籍的控制。尽管《四库全书》保存了大量的古籍，但由于清廷政府为了加强统治，大兴文字狱，所以禁书很多。结果在编修《四库全书》的时候，对于凡是被认为抵触清廷的书，或者随手删改，或者彻底销毁。这种行为，据统计达 24 次之多，共毁书 3000 多种，六七余万部，超过了《四库全书》著录和存目的书。因此，从整理古籍的要求上说，这是一次极为严重的破坏行为。鲁迅先生就曾经深刻地指出："清人纂修《四库全书》而古书亡。"

《佩文韵府》

元朝人阴时夫撰有一部《韵府群玉》，明朝人凌稚隆撰有一部《五车韵瑞》，都是专门用来查找辞藻的工具书。清朝康熙四十三年（1704），康熙皇帝下旨要求编一部类似的工具书，于是大学士张玉书就领下了任务，负责编修。在阴时夫与凌稚隆的基础上，加以增补，此书历时7年而成。由于康熙皇帝的书斋名叫"佩文"，所以就把这部书叫《佩文韵府》。

《佩文韵府》是一部按韵分部的大型类书。全书起初为106卷，到乾隆时期修《四库全书》时，被细分为444卷。收字10258个，搜集二到四个字的词约48万余条，引书150多种，近2115万余字。所收词语分为平、上、去、入四声。平声包括现在的阴平、阳平二声，入声在现代普通话中已消失，散入到四声之中。每声又按相同的韵部分部，每个韵部中，排列同韵字。所收的词语，都按词尾字韵排列。其中，每个单字下，还标出切韵，并解释本义。

《佩文韵府》是一部专门性很强的工具书，原本是为了当时的文人墨客在吟诗作文时，查找辞藻和典故的。它的这种功用，在今天已作用不大，但是如果要考查一些古代词语的出处与典故时，仍然是很有价值的，而且也比较方便。

后来，张玉书又奉旨编成《韵府拾遗》106卷，附在《佩文韵府》之后，体例和《佩文韵府》保持一致，来补充它的缺漏。

《古文观止》

这里所说的古文，指的是我国古代的散文。它同诗歌一样，也是我国古代文学宝库中灿烂的珍宝。

历代留传的古文作品浩如烟海，要想都读过，几乎是不可能的。因此，只能择其精华，通过对一些优秀的、有代表性的作品的选读，来领略其中的妙处。于是，有许多古文选本就出现了。这其中，17世纪末叶，清康熙三十四年（1695）出现的《古文观止》，是流传最广的一种。

《古文观止》是吴楚材、吴调侯叔侄二人编选的。它本来是用作私塾的启蒙课本的，然而问世之后，立即风行不衰。两百多年来，一直在读者中广泛流传。

《古文观止》的选篇很精当。从东周到明末，这么长的历史时期内，众多的古文作品中，仅选了222篇。这些作品虽然数量不多，但质量很精，能照顾到各种不同体裁和艺术风格。各篇都有相应的代表性，篇幅也都适中，反映出了我国古文作品的概貌。

《古文观止》中的作品，不仅各有思想性、艺术性，而且还便于诵读，音调铿锵，朗朗上口，具有很强的可读性，显示出古文特有的音节美。

《古文观止》所选的文章，先秦时期以历史散文如《左传》、《国语》、《战国策》为多；两汉时期，以《史记》为多；唐宋时期以"唐宋八大家"中的韩愈、柳宗元、欧阳修、苏轼四家为多；除此之外，其他历史时期的各个作家大部只收一二篇不等，数量要少得多。但其中有许多脍炙人口的名作，如三国蜀汉诸葛亮的《前出师表》、李密的《陈情表》、东晋王羲之的《兰亭集序》、陶渊明的《桃花源记》、唐代王勃的《滕王阁序》、刘禹锡的《陋室铭》、杜牧的《阿房宫赋》、明朝刘基的《卖柑者言》等等。

　　吴楚材、吴调侯在每篇文章中都做了夹注，帮助读者读懂原文。文章结尾还做了总评，评论文章的思想内容或写作方法及艺术成就，有助于读者加深理解文章的内容，并在艺术技巧上得到借鉴。

《红楼梦》

"**满**纸荒唐言，一把辛酸泪。都云作者痴，谁解其中味?"这是曹雪芹在创作完《红楼梦》后，满怀感慨写下的一首小诗。可是，千万不要误解，一部《红楼梦》，非但不是荒唐言，反而是我国文学史上最优秀的一部古典小说，是我国古典小说创作上的巅峰之作。

《红楼梦》的原作者曹雪芹名霑，字梦阮，号雪芹。约生于1715年，卒于1764年，是我国伟大的现实主义作家。他家从他曾祖父开始，直到父辈，三代世袭江宁织造，尤其在他祖父曹寅的时候，更是达到鼎盛时期，与康熙帝的关系十分密切。到了曹雪芹的父亲时，家道开始衰落，被雍正革职抄家。到了乾隆初年，又遭到更大的祸变，从此就一败涂地了。

曹雪芹的一生正好经历了曹家盛极而衰的过程。他13岁时贵为公子，13岁后开始沦落困境，以后直到晚年，始终过着穷愁潦倒的生活。这种不寻常的经历，使他有机会接触更广阔的社会现实，为他的创作提供了坚实的生活基础。

在凄凉困苦的晚年，曹雪芹开始了《红楼梦》的创作。历尽10年辛苦，仍没有完稿，就因儿子夭折，感伤成疾，在贫病交迫中搁笔长逝了。这些手稿只有80回是定稿，以后的一些稿子没来得及整理就丢失了。后来，高鹗又续写了40回，合为120回，定名为《红楼梦》，就是我们今天看到的样子。

小说通过对封建贵族青年贾宝玉、林黛玉、薛宝钗之间恋爱和婚姻悲剧的描写，写出了当时封建大家族代表的贾、王、史、薛四家的兴衰。揭露了封建社会后期的种种黑暗和罪恶，对腐朽的即将崩溃的封建制度做了有力的批判。同时还通过对宝玉黛玉这一对封建叛逆者的歌颂，表达了新的朦胧的理想。

曹雪芹在小说中，对贾宝玉做了高度的肯定。表面上说他"古今无能属第一"，实际上是对宝玉身上的叛逆精神进行了热情的赞颂。贾宝玉生在一个钟鸣鼎食的大贵族家庭，他一生的道路似乎早已安排好，就是获取功名富贵，光宗耀祖。然而他对封建的传统道德深恶痛绝，千方百计躲避封建制度的种种约束，而把自己的全部热情和理想投放到那些纯洁，但却被侮辱、损害的女孩子身上。因此被家长们看成是"混世魔王"，"不肖的孽障"。他与黛玉从小一起长大，两人都鄙视封建文人的庸俗，诅咒八股功名的虚伪，有着共同的叛逆性格。因此两人走到一起是自然而然的事情。然而贾府的家长从维护自己封建大家族的长久利益考虑，却为贾宝玉选定了大皇商家庭出身的薛宝钗，制造了宝黛爱情的悲剧，最后黛玉含恨病死，宝玉远遁空门。

《红楼梦》善于把人物放在特定的艺术氛围里来烘托出人物的情感，以

情景交融来感染读者，而不是像《三国》、《水浒》那样的小说以强烈的故事性来抓住读者。小说在不少篇章中，对人物的内心活动还进行了深入细腻地描写，成功地揭示出人物的内心秘密和精神面貌。

《红楼梦》中对日常生活的描写是十分细腻逼真的，但并不显得琐碎、空泛，而是经过精心的提炼，富有典型性和倾向性。

《红楼梦》的语言在我国古典小说中，可以说是最成熟、最优美的。它简洁而纯净，准确而传神，朴素而多彩。写景状物，绘声绘色，达到了炉火纯青的地步。比如宝钗扑蝶、黛玉葬花、湘云醉眠等几处，有如美丽的图画，让人感觉身临其境一般。

结构上，《红楼梦》更是表现出空前的宏伟、完整、严密。全书以宝黛爱情悲剧和贾府的盛衰为线索，把众多的人物和纷繁复杂的事件组织在一起，构成一个巨大的艺术结构，极好地反映了全书的内容。

鲁迅先生说过："自有《红楼梦》出来以后，传统的思想和写法都打破了。"在它问世不久，立刻以手抄本的形式流传了30年，印成书后更是流传天下，影响巨大。两百多年来，人们一直潜心地在全面研究《红楼梦》，并因此而成为另一种专门的学问——"红学"，这在我国文学史上是罕有的现象。

《红楼梦》不愧是我国古典小说现实主义的高峰作品。它丰富复杂的内容和精深辉煌的艺术成就，还有待于我们做更深入、更细致的发掘。

"二十四史"

"二十四史"是指我国古代历史著作中著名的 24 正史。所谓"正史",一般说有两层意思:一是指在体例上,要以纪传体为准,应包括本纪、列传、表、志四个基本部分,有时还可有世家一体;另一个意思是指在内容上,都是由历代封建统治者所选定,并被人们所公认的,是作为记载历代史事最正规的史著。

二十四史就是符合这两个条件的 24 部正史。这 24 部史书并不是在同一时期写成的,也不是一开始就有二十四史这一名称的。它是经过从西汉到清代这一漫长的时期,在不同的历史时代里写成、编订的。每一部史书都是各自独立的,但在史事记载上又是相互衔接的,完整地记载了我国从上古直到明朝末年的历史。

在唐代,有所谓的"三史",指《史记》(西汉司马迁撰)、《汉书》(东汉班固撰)、《后汉书》(南朝刘宋范晔撰)。发展到宋代,已累计有 17 部史书,除上面说的"三史"之外,又有《三国志》(西晋陈寿撰)、《晋书》(唐官修)、《宋书》(梁沈约撰)、《南齐书》(梁萧子显撰)、《梁书》(唐姚思廉撰)、《陈书》(唐姚思廉撰)、《魏书》(北齐魏收撰)、《北齐书》(唐李百药撰)、《周书》(唐令狐德棻等撰)、《隋书》(唐官修)、《南史》(唐李延寿撰)。这 17 部史书到明代又加入元代官修的《宋史》、《辽史》、《金史》和本朝所修的《元史》这四部史书,合称"二十一史"。清乾隆时,官修《明史》又问世,于是又有了"二十二史"之称。后来,在"二十二史"上又增加了五代后晋官修的《旧唐书》(区别于宋官修的《新唐书》)和宋官修《旧五代史》(区别于宋欧阳修撰的《五代史记》)这二部史书。于是,"二十四史"的名称就正式形成了。

　　二十四史中，唐以前的各史一般为个人撰写，从唐代修《隋书》开始，由封建政府设馆组织人手为前代修史才相沿成例。一般说来，这些官修的史书由于成于众手，不免良莠不齐，但在占有资料的全面性和可靠性上，还是过硬的，是任何个人撰写所比不了的。

　　二十四史中，《史记》、《汉书》、《后汉书》、《三国志》，又被称为"前四史"。这四部书不但体例谨严，史料翔实，而且文笔也都非常好，在文学史上也是有重要的价值和地位的，是最为后人所称道的。在其他官修的史书中，《宋史》、《辽史》、《元史》相对而言是差一些的。而《金史》、《明史》，尤其是《明史》，是其中的上乘之作。

　　二十四史是我们今天研究古代历史与文化的基本的历史著作，是我国传统学术文化的一个十分重要的组成部分。

《清史稿》

《清史稿》是在辛亥革命推翻满清封建统治之后，由袁世凯的北洋军阀政府主持编修的一部纪传体正史。

1914 年，北洋军阀政府仿效历朝的惯例，也准备修前一代的历史，于是就广泛搜罗前清的遗老，在北京专门设立了清史馆，任命进士出身，曾先后担任过清朝巡抚、尚书、将军、总督的赵尔巽为馆长，开始编写清史。当时知名的知识分子大多都被网罗到，达百人以上。但实际上大部分人只是挂名，没有参加任何实际的编写工作。这主要是由于赵尔巽等主事人都是一脑子的满清遗老思想，头脑中仍装满封建正统观念，所以在当时的历史情况下，有进步思想的人士是难于和他们合作的，因此到最后，清史馆中只剩下十几个清朝遗老了。

从 1914 年开始编修工作，到 1920 年编成初稿，1927 年大致定稿，正赶上第一次国内革命战争，北洋军阀政府被推翻，所以编出的稿子也来不及刊正公布，就定名为《清史稿》。书稿还没印出来，赵尔巽就老死了。别人继续进行校审刊刻的工作。到 1928 年，全书终于编印完成，第二年发行全国。

《清史稿》全书共 539 卷。其中本纪 25 卷，志 142 卷，表 53 卷，列传 316 卷。在中国历代所有正史中，它是卷数最多的。

《清史稿》记事上起 1616 年，清太祖努尔哈赤在赫国阿拉（今辽宁新宾）建国称汗，下至 1911 年孙中山领导的辛亥革命，推翻清朝，建立民国，共有 296 年的历史。

在体例上，《清史稿》大致是仿效《明史》的，而又略增了新的项目。如创立了《交通》、《邦交》二志等，反映了新的社会现象。

在历代正史中,《清史稿》的缺点较多,质量较差。当时编撰时,正赶上北洋军阀混战,时局动荡,编修工作时断时续,而且边编写边排印,没有做过统一的审订就仓促成书,以致出现体例不一,前后矛盾,繁简失当,甚至一人两传,人名地名不符,目录与正文不合等等的错误。

在思想内容上,由于修撰者多是清朝遗老,所以尽管当时已是民国时期,但他们仍站在清朝统治者的立场上来叙述清朝的历史,为清朝腐朽的统治歌功颂德。因此,南京国民政府曾一度禁止此书发行。

但《清史稿》也仍然有一定的参考价值。它将清代史事加以汇集,做了初步的整理,提供了比较详细和系统的清史素材,便于检阅。而且它所依据的材料相当丰富,又都是原始性的资料,所以史事较为可靠。

《清史稿》到现在已流行了60余年,既没有人修正它,也没有新的清史出现,所以我们仍然要把它算作我国封建时代的一部正史。

《格萨尔王传》

在藏族人民群众中，自古就流传着一个英武神奇、无敌于天下的大英雄的故事。这就是长篇巨幅英雄史诗《格萨尔王传》中的故事。

《格萨尔王传》的流传主要是靠民间艺人的一代代的说唱传下来的，其中有许多艺人世世代代都是专门说唱它的。随着艺人们的到处流动，《格萨尔王传》的流行范围越来越广，不仅仅在西藏，而且在国外，像蒙古人民共和国、不丹、锡金和前苏联的一些地区都有流传。

这部英雄史诗的规模非常巨大，结构宏伟，篇幅浩繁。据目前所知的材料统计，全部《格萨尔王传》大约有 60 部左右的样子，共约100 多万诗行，这在世界上也是十分罕见的。其中常常被传唱、比较重要的就有 30 部左右。

传说在很久很久以前，西藏的大地上充满了残暴的行为，可怜的黎民百姓生活在水深火热之中。天上的众神看到这种情况，就在一起商量，决定派天神之子下降人间，去扫除暴虐，拯救百姓。于是，伟大的英雄，天神之子——格萨尔降生了。

历尽苦难的格萨尔长大后，在全部落的赛马会上，以他惊人的神奇本领夺得第一名，按照古老的规定，格萨尔做了这个部落的国王。从此，开始了他铲除强暴，保护人民，反对侵略，保卫家乡的生涯。

格萨尔以他神子的力量，能够任意的变化，呼风唤雨，支配自然，役使鬼神，成为保护人民的神话般的英雄，赢得了藏族人民永远的爱戴。他带领士兵到北方杀死了那个每天要以 100 个大人做早点，100 个男孩做午餐、100 个少女做晚饭的魔王；下到地狱救出母亲和受煎熬的人们；击败了各个入侵的敌国；射死了为害的大鹏鸟；打死了吃人的黑芪虎……

《格萨尔王传》这部英雄史诗大约产生在 11 世纪到 13 世纪这段时期，通过对十几个邻国、部落之间的战争的叙述，反映了 6 到 11 世纪前后的藏族地区的一些重大历史事件，表达了藏族人民渴望和平统一，过上幸福安宁生活的心愿。由于它巨大的规模和包罗万象的内容，使得《格萨尔王传》不但是一部闻名世界的伟大的文学巨著，而且还是研究藏族社会历史、民族文化、宗教信仰、风俗习惯以及语言等方面的宝贵文献。甚至可以说，它是藏族古代社会的一部大百科全书。

格萨尔王的赞歌像在高天中飞翔的雄鹰一样，永远飞翔在人们的心头。

《玛纳斯》

《玛纳斯》是在柯尔克孜族民间流传最为广泛的一部长篇英雄史诗。通过民间歌手的传唱，千百年来，世代相传，一直流传到今天。专门演唱《玛纳斯》的艺人叫"玛纳斯奇"，是非常受柯尔克孜族人民欢迎和尊敬的。他们无论走到哪里，都会有许多的听众，即使从夜晚一直唱到天明，听唱的人们也仍然是兴致勃勃，毫无倦意。

《玛纳斯》规模宏伟、千姿百态，共八部，长达20多万行，现在有的已被译成了汉文、维吾尔文、哈萨克文，有的已经被介绍到国外了。

《玛纳斯》是这部史诗的总的名称，也是第一部史诗中的主要英雄人物的名字，其余各部的篇名都是以玛纳斯后代继承者的名字来命名的。

整个史诗充满了浓厚的神话色彩和传奇色彩。一开始，它从山川湖海的变迁唱起，说"一切都发生了巨大的变化"，"可是祖先留下的故事，仍在一代代流传"。

在玛纳斯出世之前，柯尔克孜人民是由残暴的卡勒玛克人的汗王统治着。他从占卜的人那里知道，柯尔克孜人当中要降生一个力大无比的英雄玛纳斯，他将领导人民推翻卡勒玛克人的统治。于是，卡勒玛克汗王就派出许多人四处查访，企图把玛纳斯杀死在摇篮中。但玛纳斯在机智勇敢的柯尔克孜人民的保护下，平安地出生于阿尔泰。他长得非常得快，到9岁的时候就已经长大成人了，并且力大无穷。为了反抗异族的统治，玛纳斯召集了四方的勇士，统一分散的各个部落，通过艰苦的征战，终于打败了所有敌人，为柯尔克孜人民争得了自由和富强的生活，并被拥戴为柯尔克孜人的汗王。然而这样一个反抗强暴的英雄，在成为汗王后，却犯了一个致命的错误，不听劝阻，去攻打别的族人，结果在远征中受重伤而死。从玛纳斯的结局来看，史诗的告诫意味是很强的，是值得所有后人深思的。

史诗的其余几部讲述玛纳斯的子孙后代继续与卡勒玛克人进行斗争的故事。比如他们平息了内乱，清除了叛徒，打跑了敌人，惩处了贪官污吏，消灭了害人的恶魔等等。

整部史诗记述了历史上柯尔克孜族人民由零散走向统一的过程，歌唱了他们反抗异族统治，建设家园的正义斗争，歌唱了各族人民之间的团结，有着广阔的社会生活内容。为文学、历史学、地理学，宗教学、民族学、民俗学、语言学和音乐等方面的研究提供了丰富的资料，是柯尔克孜族人民宝贵的精神财富。

《江格尔》

蓝蓝的天空中，飞翔着矫健的雄鹰；茫茫的草原上，流传着江格尔的英名。

《江格尔》就是蒙古族人民所拥有的一部英雄史诗。它与《格萨尔》、《玛纳斯》并称为我国少数民族三大英雄史诗。

江格尔的故事很早就在蒙古大草原上流传了。它最早产生在蒙古族卫拉特人民中间，以口头的形式，通过说唱世世代代流传下去。它最主要的流行范围在西蒙古，即现在新疆的阿尔泰山区和额尔齐斯河流域的蒙古族居住区。从 19 世纪初，人们开始有意识地系统搜集、整理流传在民间口头上的江格尔的故事，最后整理成文字，发表出来。《江格尔》共有几十万诗行，是一部内容很庞大的英雄史诗。

《江格尔》主要讲述了宝木巴这块土地上的首领江格尔和他手下的 12 名"雄狮"英雄，为保卫和发展家乡所进行的英勇斗争的英雄事迹。

江格尔，在蒙语里是"主人"的意思。他是史诗中塑造的部落首领、可汗、圣主，也是主人公，是一个有血有肉的理想的英雄人物形象。

宝木巴，在蒙语里则是"乐园"、"极乐世界"的意思。在史诗中，它的确被描写成为一块令人向往的乐土。那里没有严寒，也没有酷暑，总是四季如春，到处是盛开的百花和芬芳的百草，牛马成群，膘肥体壮。那里的人民安居乐业，青春常在，永远像 25 岁的青年一样，永远健壮，永远生龙活虎。这种浪漫的描写，反映了蒙古族人民的美好理想。

《江格尔》分许多章，每一章并不一定都主要讲江格尔的事迹，而是以他手下的一名英雄为中心人物，演说一段完整的故事。但各章又都由江格尔贯串起来，所以各章之间，既是相对独立的，又是一个统一的整体。

和所有英雄史诗一样，《江格尔》中充满了浪漫主义色彩。江格尔天生神奇，在他两岁时，一个凶狠的魔王杀害了他的父母，霸占了他的国土，使江格尔成为孤儿。可是当江格尔长到 3 岁时，就显示出了神奇的力量。他冲破了三大关卡，征服了魔王，并和魔王的儿子洪古尔结为兄弟。以后，洪古尔就成了江格尔手下的第一号英雄。江格尔 5 岁时，活捉了塔海地方 5 个魔鬼，使他们不能再胡作非为，祸害百姓。7 岁时，江格尔就已经成就了他的事业。他收降了东方千百万魔鬼，团结了 6012 名勇士，打败了东方 7 个国家，征服了周围 42 个可汗国。他骑上他那匹宝马，风驰电掣，舞动起金枪，天下无敌，英名传遍了草原。江格尔手下的 12 名英雄，各有本领，一个比一个厉害。其中最骁勇的，就是雄狮洪古尔。洪古尔对江格尔忠心耿耿，为了江格尔，能够舍生忘死。在千百个国家里，洪古尔摔跤无敌手，在千百个勇士中，洪古尔百战百胜。他冲进敌群，勇猛厮杀，就好像雄狮冲进了羊群，所向披靡。在东方，他是人民的梦想，在西方，他是人民的希望。

　　英雄的江格尔和他手下的英雄们，领导人民保卫家乡，发展家乡，建立了不朽的功业。他们的故事世代流传，无数世纪以来，一直是蒙古族人民家喻户晓的。

　　对蒙古族人民来说，《江格尔》有着重要的历史意义和文学价值。